Y 2733.
M'h.

ART
DE SE COIFFER
SOI-MÊME.

27106

ART
DE SE COIFFER

SOI-MÊME,

ENSEIGNÉ AUX DAMES;

SUIVI DU

MANUEL DU COIFFEUR,

PRÉCÉDÉ

DE PRÉCEPTES SUR L'ENTRETIEN, LA BEAUTÉ ET LA
CONSERVATION DE LA CHEVELURE;

AVEC

Des Conseils aux Messieurs sur les soins qu'ils doivent
prendre pour être bien coiffés, et pour entretenir leur
chevelure en bon état;

Des Considérations sur les diverses maladies des cheveux,
et sur les moyens d'y remédier;

Des Réflexions sur les perruques, faux toupets, touffes,
nattes, etc.;

Des Recettes diverses, et des Anecdotes sur tout ce qui a
rapport à l'art de la coiffure;

PAR P. VILLARET,

*Coiffeur de LL. MM. le Roi et la Reine de Bavière, de
S. A. R. Madame la grande duchesse de Bade, de leur
cour; fournisseur de plusieurs princes et princesses
étrangères, etc.*

PARIS,

PORET, LIBRAIRE, RUE HAUTEFEUILLE,
AU COIN DE CELLE DU BATTOIR.

L'AUTEUR, AU PALAIS-ROYAL, GALERIE DE LA ROTONDE, N° 88.

1828.

AUX DAMES.

Mesdames,

Quoique ce petit ouvrage renferme des préceptes généraux, également à l'usage des deux sexes, c'est à vous seules que j'ai voulu le dédier, parce que, dès long-temps animé du désir d'être utile à la plus aimable portion de l'espèce humaine, je ne pouvais mieux vous témoigner mon zèle qu'en vous offrant l'hommage du résultat de mes observations et de mes recherches sur une des choses les plus essentielles à votre ornement.

Les hommes affectent quelquefois une sorte de dédain philosophique pour les soins de la toilette et de la chevelure; mais les femmes, douées d'un tact plus fin et d'une délicatesse plus exquise, sentent beaucoup mieux que, si les agrémens extérieurs ne peuvent suppléer aux qualités de l'âme, ils en sont du moins une heureuse représentation. Assez souvent les avantages physiques semblent faits pour annoncer ceux d'une bonne organisation morale, comme les dehors d'un édifice paraissent annoncer ce que son intérieur doit offrir de louable et de précieux : aussi les femmes savent-elles bien mieux apprécier tout ce qui a pour objet d'entretenir et de prolonger les avantages extérieurs, ou d'en réparer la perte autant qu'il est possible.

C'est donc à vous, Mesdames, que j'ose offrir ce faible essai; à vous, dont la raison, toujours associée à un goût délicat, ne regarde pas comme sans importance les soins nécessaires pour entretenir la beauté, et lui conserver toutes les parties de son brillant apanage, dont la chevelure est une des plus considérables. Puisse mon entreprise vous être aussi utile que je l'ai désiré! Mes vœux seront comblés, si vous daignez l'accueillir avec une bienveillance égale à mon dévoûment.

ART DE SE COIFFER SOI-MÊME.

PREMIÈRE LEÇON.

Tenir le peigne.

On doit se servir d'un peigne dont les dents ne soient pas trop aiguës : il doit être en écaille ou en belle corne d'Irlande. Les peignes à dos bombé sont préférables aux autres, en ce qu'ils ont les dents plus longues, et peuvent pénétrer plus profondément dans la chevelure. Lorsque les dents d'un peigne sont trop aiguës, il faut les user, c'est-à-dire émousser leurs pointes, en les passant sur du papier plié en plusieurs doubles, comme si on voulait le scier.

Quand on veut se coiffer avec facilité, la première chose que l'on doit savoir, c'est de tenir le peigne convenablement. On doit le tenir avec la main droite, de manière que le dos soit tourné du côté de la paume, et les dents en bas, c'est-à-dire du côté du bout des doigts : il doit être tenu sans force ni roideur, et avec une certaine délicatesse, les quatre doigts d'un côté et le pouce de l'autre, pour peigner les cheveux par-dessus. Pour les relever et les peigner par-dessous, on le tiendra dans une position inverse, en appuyant les quatre doigts sur le dos. Afin d'avoir plus de facilité pour démêler les cheveux, il faut tenir le peigne un peu couché, le dos en bas ; dans cette position, il glisse plus aisément, n'arrache pas les cheveux, et ne fait pas souffrir.

Si les cheveux sont humides par la sueur, et qu'ils forment une espèce de peloton trop difficile à démêler, on n'aura rien de mieux à faire que d'y mettre un peu de poudre très fine. Il ne faut pas en mettre beaucoup ; mais seulement la quantité nécessaire pour absorber l'humidité ; on fera en sorte que la poudre ne pénètre pas jusqu'à la racine, parce qu'elle y formerait une pâte qui étoufferait les bulbes.

Lorsque les cheveux sont démêlés par-dessus, pour les démêler par-dessous, il faut, ainsi que je l'ai déjà dit, coucher le peigne à l'opposé.

On ne doit point se servir des petites dents pour les cheveux de derrière; on ne pourra en faire usage que pour les lisser.

DEUXIÈME LEÇON.

Se peigner.

Une foule de personnes se plaignent de perdre leurs cheveux, sans se douter qu'elles ne doivent attribuer qu'à elles-mêmes ce désagrément, qu'elles se fussent épargné avec un peu de soins et de précautions. Souvent la chute des cheveux n'est que le résultat d'une incurie ou d'une négligence impardonnable; on ne fait rien pour les conserver; on les casse, on les brise, on les arrache, on les laisse s'étioler et s'atrophier, et l'on s'étonne de ce qu'ils tombent, tandis qu'il faudrait plutôt s'étonner qu'ils ne tombassent pas.

C'est surtout en se peignant qu'il faut prendre garde d'offenser les cheveux. Lorsqu'on démêle des cheveux longs, on ne saurait y prendre trop de ménagemens : on doit donc les peigner sans employer aucune vigueur, et en y allant le plus doucement possible. Sent-on de la résistance, soit par quelques cheveux entrelacés, soit par des masses ou des nœuds difficiles à résoudre, on ne doit jamais passer outre; c'est alors qu'il devient nécessaire de coucher le peigne, après l'avoir retiré des cheveux, s'il s'y trouve enfoncé; puis, le peigne étant couché, on le passe à plusieurs reprises, en caressant en quelque sorte l'obstacle, qui finit toujours par disparaître entièrement, sans même qu'il soit besoin de beaucoup de patience.

Pour peigner les cheveux que l'on destine à être mis en papillotes, il faut d'abord les prendre dans la main gauche, en les tenant entre le doigt du milieu et le doigt annulaire ou quatrième doigt, avec lesquels on exerce sur eux une pression légère, afin d'empêcher que l'action du peigne ne se fasse sentir à la racine.

Quoique les cheveux de devant soient beaucoup plus faciles à démêler que ceux de derrière, et que l'on risque beaucoup moins de les arracher, on fera toujours très bien de les tenir ferme avec la main, au-dessus de la portion qu'il s'agit de peigner : on sera certain, ainsi, de ne pas les ébranler à leur racine; et s'il arrive que parfois on les brise, du moins on ne les arrachera pas.

TROISIÈME LEÇON.
Mettre ses papillotes.

Lorsque les cheveux sont bien peignés, il faut les brosser à leur racine, en les prenant par mèches, afin d'enlever mieux les pellicules ou la crasse, qui s'arrête sur la peau par l'effet de l'introduction de la poussière, notamment chez les personnes qui sont dans l'habitude de rester constamment coiffées en cheveux, ce qui est évidemment la plus belle coiffure pour une dame, et celle qui lui sied le mieux.

Quand on se propose de mettre ses papillotes, on doit d'abord séparer les cheveux par mèches plus ou moins grosses et plus ou moins nombreuses, suivant que l'on a plus ou moins de cheveux. Beaucoup de cheveux exigent beaucoup de papillotes; car plus les cheveux seront divisés, moins il y en aura dans le papier, plus ils friseront.

Si l'on désire une coiffure légère, les papillotes doivent être tenues larges, c'est-à-dire que le rond de l'anneau des cheveux doit être au moins de la grandeur d'une pièce de dix sous : cet anneau n'est bien qu'autant qu'il forme le cercle, et l'on est assuré qu'il le formera toutes les fois qu'on aura bien pris les pointes; dans le cas contraire, la papillote pourrait être ovale, et elle produirait alors un effet désagréable à l'œil.

Pour faire une coiffure épaisse et touffue, ce qui n'est pas très élégant, il faut que les papillotes soient petites et serrées, afin de faire bien friser le cheveu.

Lorsqu'on enveloppe la papillote, on ne doit jamais gêner les cheveux; si on les comprimait, en les roulant trop à l'étroit dans le papier, la papillote, au lieu d'être ronde, en sortirait triangulaire.

QUATRIÈME LEÇON.

Passer les papillotes au fer.

Il faut toujours se servir d'un bon fer : j'appelle un bon fer celui qui est sans aspérités et sans pailles qui accrochent la papillote lorsqu'on la pince. Souvent, en retirant le fer, la papillote le suit, ce qui oblige à le remplacer; pendant ce temps, le fer se refroidit, ou bien il se chauffe trop, si on le remet au feu.

Il est donc essentiel que les fers à papillotes soient parfaitement polis ; leurs branches, pour ne pas brûler les mains, doivent être longues, et le bec qui sert à pincer la papillote doit être assez gros pour pouvoir conserver la chaleur ; avec un fer dont le bec est d'un volume suffisant, on passera facilement les papillotes d'un seul coup, sans avoir besoin de le faire réchauffer. Les branches du fer doivent être garnies, ou avec de la ficelle, ou avec du cuir, afin que la trop vive chaleur n'incommode pas, en passant les papillotes : sans cette précaution, on est à chaque instant exposé à se brûler le front ou les doigts : on ne songe plus que l'on tient une papillote, ou veut soustraire les doigts à la brûlure, alors le fer tombe sur le front et brûle la place où il touche ; une garniture telle que je la prescris parera à tous ces inconvéniens.

Avant de mettre le fer sur les cheveux, il faut l'essayer sur une feuille de papier blanc ; s'il la roussit, on attendra qu'il soit refroidi au degré convenable ; si l'on employait le fer trop chaud, la papillote resterait dans le papier lorsqu'on voudrait le retirer.

Il ne convient de mettre les papillotes que quand les cheveux sont secs ; s'ils sont mouillés, soit par l'effet de la sueur, soit par toute autre cause, l'humidité dont ils sont imprégnés, venant à s'échauffer, brûle les cheveux, et même quelquefois la tête; souvent elle ne fait que les roussir ou leur donner un reflet fâcheux; mais c'est là le moindre mal qui puisse résulter de la présence de l'humidité.

Il faut avoir bien soin de ne pas toucher avec le fer la portion de cheveux qui n'est pas enveloppée dans le papier, autrement on la brûlerait. Quelquefois en ôtant les papillotes on y découvre des mèches courtes, qui auraient la même longueur que les autres, si l'on eût fait attention à ne pas rapprocher le fer mal à propos. Afin de se préserver le front, on fera bien de mettre un peigne sous la papillote que l'on passe, en évitant de trop appuyer le fer sur le peigne, de crainte de le brûler.

Quand la coiffure doit être légère, on ne doit laisser que très peu de temps le fer sur la papillote; on le laissera plus long-temps quand la coiffure doit être forte, et surtout lorsqu'on veut que les cheveux tiennent long-temps la frisure. Il y a des cheveux qui frisent facilement, comme il en est aussi qui frisent très difficilement : pour les premiers il suffit presque de les introduire dans le fer, tandis que les autres demandent à être passés un peu chauds, et à séjourner quelques secondes dans la *pince*.

Lorsqu'on veut enlever le papier des papillotes, il faut toujours le développer, et non le tirer, comme on le fait trop souvent. Les papillotes étant découvertes, on peignera les cheveux ensemble.

CINQUIÈME LEÇON.

Relever les cheveux.

Avant de relever les cheveux, on les lissera bien avec la brosse, et ensuite avec le peigne. Si, sur la nuque, il est des cheveux courts, et qui ne puissent être saisis avec la torsade, on en formera une petite tresse, que l'on attachera avec les autres. On se débarrassera ainsi de ces cheveux volans, qui semblent salir le cou, et dépareraient la plus belle coiffure.

Pour relever les cheveux, on les prend avec les quatre doigts et le pouce de la main gauche, la paume de la main en dessus; on les redresse en l'air; puis on les reprend avec les quatre doigts et le pouce de la main droite, et par-dessus la main gauche; on les tord du côté du petit doigt de la main droite, que l'on laisse couler en montant vers le sommet de la tête, tandis qu'on retire la main gauche, dont on se sert pour ramener dans la torsade les petits cheveux qui tendraient à s'en écarter.

SIXIÈME LEÇON.

Former le casque.

Il ne faut jamais tordre les cheveux que graduellement et en glissant la main droite comme il vient d'être dit dans la leçon précédente; car si on les tordait tout à coup, on formerait une espèce de nœud, qui non seulement manquerait de grâce, mais qui empêcherait encore de les tendre convenablement, et nuirait par conséquent à la pose des coques et des épingles. En tordant sans précipitation, et en remontant la main avec les cheveux sur le sommet de la tête, on forme facilement le casque, et plus promptement qu'en s'y prenant d'une tout autre manière. On ne doit pas négliger de bien serrer les cheveux, en plaçant le peigne; car ils se relâcheront toujours assez. Les meilleurs peignes sont ceux d'argent doré ; ils sont moins sujets à se défaire que les autres. Les peignes d'écaille ne sont pas à dédaigner : une personne qui a beaucoup de cheveux doit les choisir avec les dents écartées et longues ; celle qui en a peu doit prendre également des dents longues, mais très rapprochées.

La coiffure doit toujours être appropriée à l'air de la figure : des traits fins et un visage ovale se marient à merveille avec une coiffure peu haute, mais un peu large. Le genre de coiffure peut aussi être subordonné à la grandeur de la taille : ordinairement un visage allongé est le partage d'une grande femme ; il est bien alors qu'en se coiffant elle évite de se grandir davantage. Une petite femme, à coupe de figure arrondie, ainsi que cela se voit chez la plupart des blondes, doit tenir sa coiffure un peu haute et de côté, d'abord pour se grandir, et ensuite pour se donner de la grâce.

SEPTIÈME LEÇON.

Partager les cheveux.

Il faut partager les cheveux en plus ou moins de masses, suivant la quantité de coques que l'on désire avoir; mais en les partageant avec les grosses dents du peigne, ainsi que cela doit toujours être, on doit faire attention à ne point laisser les cheveux épars.

Pour faire une coiffure à deux coques, vulgairement appelée *nœud d'Apollon*, on doit partager les cheveux en deux masses égales, à moins qu'ils ne soient assez longs pour former deux coques sans être partagés; dans ce dernier cas, on prendra les cheveux avec le pouce et le premier doigt de la main droite, les ongles en dessous; on fera passer par-dessus toute la paume de cette main, les cheveux que l'on tiendra de la main gauche. On renversera ensuite la main droite, les ongles toujours en dessous, de manière qu'elle se trouve enfermée sous les cheveux, ce qui formera une première coque sur le côté droit : cette coque étant formée, on reprendra avec la main gauche le surplus des cheveux, en laissant la main droite où elle est, et l'on en formera sur la gauche la seconde coque, sous laquelle on engagera les pointes pour les cacher. Ceci étant fait, on maintiendra la torsade avec le pouce et les deux premiers doigts de la main gauche, et l'on dégagera la main droite pour prendre le peigne, avec lequel on assujettira la coiffure, que l'on terminera en relevant les cheveux, pour rendre les coques bouffantes et leur donner plus de grâce.

Lorsqu'on veut placer une épingle pour fixer une coque, on doit d'abord la passer dans les cheveux adhérens à la tête, ensuite par-dessus la coque, et enfin encore une fois dans les cheveux adhérens à la tête, dans lesquels elle reste engagée. On se sert des épingles à deux branches comme des épingles simples, en faisant passer les deux branches par-dessus la coque. On peut dans ce cas les faire passer toutes deux, ou bien n'en faire passer qu'une seule, et glisser l'autre dans les cheveux.

On ne doit employer les épingles à deux branche pour les cheveux de devant qu'après que les papillotes sont faites : alors on ouvre l'épingle, et on la met à cheval sur la racine et sur la pointe de chaque mèche, de manière à les pincer et les tenir ensemble; on peut aussi prendre deux mèches contiguës, dans une même épingle.

En général, il ne faut pas les prodiguer; quand on en met en trop grand nombre sur la tête des personnes sujettes à la migraine, elles peuvent en être incommodées.

HUITIÈME LEÇON.

Crêper les cheveux.

On ne peut faire une coiffure compliquée ou élégante sans crêper les cheveux; il est donc bien important d'être initié au secret de cette opération, qui, du reste, est assez facile. Lorsqu'on n'a pas beaucoup de cheveux, on est pourtant bien aise de se faire une jolie coiffure; les crêper est le vrai moyen d'arriver à ce résultat, à moins qu'on ne veuille recourir aux *postiches;* mais un grand nombre répugnent à s'en servir, et ne se décident à en faire usage qu'à la dernière extrémité, soit qu'elles éprouvent quelque dégoût, soit qu'elles imaginent, comme quelques unes l'ont prétendu, que les cheveux morts absorbent la substance des cheveux vivans et les détériorent. Qu'il me soit permis de faire observer en passant que cette aversion pour les fausses nattes, les touffes artificielles, est tout-à-fait sans fondement. Lorsque ces ouvrages sont bien faits, on peut les employer sans crainte; une longue expérience m'a démontré qu'il n'y a pas le moindre inconvénient à s'en servir. Mais revenons au crêpé, dont l'utilité est si grande.

Pour crêper les cheveux longs, il faut, lorsqu'ils auront été distribués par masses, ainsi que je l'ai indiqué dans la leçon précédente, prendre entre le premier et le second doigt de la main gauche, joints ensemble, la masse par laquelle on doit commencer à former la coiffure; de la sorte, cette masse ne peut s'échapper; et comme elle est aplatie par la pression des deux doigts, on n'a pas à craindre qu'elle forme la corde, ce qui ne manquerait pas d'arriver si on la tenait entre le pouce et le premier doigt de la main gauche. La masse étant dans cette position, pour la crêper, il faut, avec les grosses dents du peigne, que l'on tient droit, aller à petits coups en remontant, afin de renvoyer à leur racine les cheveux les plus courts.

Le crêpé doit se faire uniformément, et sans former aucun bourrelet. Il doit être égal partout, et les cheveux crêpés ne doivent pas cesser d'être très unis.

Une personne qui a beaucoup de cheveux doit très peu les crêper; celle qui en a peu doit les crêper davantage, afin de leur donner de l'apparence et les faire valoir.

Quand le crêpé est achevé, on lisse les cheveux à la superficie, en tenant le peigne couché : il ne faut alors enfoncer les dents que le moins possible, autrement on s'exposerait à décrêper la mèche, et l'on serait obligé de recommencer, ou bien la coque serait mal faite et n'aurait aucune consistance.

NEUVIÈME LEÇON.

Former les coques.

Il y a bien des manières de former et de disposer les coques : ici c'est le goût qui fait tout, et le goût ne se perfectionne que par la pratique. Toutefois il est des principes auxquels il est indispensable de se conformer. Il ne manque pas de personnes qui croient savoir se coiffer, parce qu'elles savent lisser leurs cheveux. Je ne doute pas qu'elles ne puissent former deux ou trois coques, tant bien que mal ; mais lorsque les coiffures de ce genre viennent à frapper les regards d'un coiffeur ou qu'elles sont confrontées avec celles qu'il a faites, on s'aperçoit bientôt qu'elles ne sont que *mal peignées*, que l'on me pardonne l'expression. Tout coiffeur habile suit des principes dans son art; mais jusqu'à présent je suis le seul qui ait entrepris de les rassembler et de les définir. Dans l'ignorance de ces principes, je conçois que l'on puisse, en prenant beaucoup de peine, arranger ses cheveux d'une certaine manière; mais comment parvenir à se coiffer aussi bien qu'il convient de l'être dans une réunion d'apparat, dans un bal, dans une soirée, lorsque les garçons coiffeurs, qui voient journellement le maître opérer sous leurs yeux, n'arrivent jamais à pouvoir le suppléer dans son ministère, s'il ne leur démontre auparavant sa méthode? comment se flatter de réussir aussi bien qu'un coiffeur, quand on n'a jamais appris à coiffer, ni même vu coiffer? Telle est cependant l'espèce d'illusion que se font la plupart des femmes de chambre, qui, sous le prétexte qu'elles *ont de l'idée*, ou parce qu'elles ont pris quelques leçons, dans lesquelles on ne leur a montré que le gros du métier, se donnent pour des artistes consommés; les met-on à l'épreuve, on ne tarde pas à se convaincre qu'elles ne savent rien ou presque rien. Les demoiselles qui sont dans l'habitude de se coiffer elles-mêmes reconnaîtront sans peine, lorsqu'elles auront parcouru cet ouvrage, quel avantage immense on peut retirer d'avoir étudié les véritables principes. Je ne saurais trop leur recommander de les observer exactement, et je n'hésite pas à leur donner l'assurance que plus elles se familiariseront avec leur application, plus elles acquerront d'habileté.

Pour faire une coiffure à quatre coques, il faut, si les cheveux ont assez de longueur, les partager en deux masses, et former d'un côté, avec le commencement du long de ces masses, une première coque, puis une seconde avec le surplus, que l'on aura soin de faire bien gonfler au moyen du crêpé : on s'y prendra de la même manière pour l'autre masse et l'autre côté. En plaçant les coques, on évitera qu'elles se présentent symétriquement. Si celle du côté droit est derrière le peigne, celle du côté gauche doit être devant; quant aux deux du milieu, l'une doit toujours être plus en avant que l'autre ; les pointes des cheveux doivent être soigneusement cachées dans les coques, auxquelles elles donnent ainsi du volume en leur servant de soutien.

Je répéterai ici qu'il est essentiel que la torsade soit bien faite, puisqu'elle est le principal ornement et véritablement toute la base de la coiffure. Les coques doivent être très crêpées, fermes et arrondies. On leur communiquera cette disposition à l'aide du premier et du second doigt de la main droite. Comme il est essentiel qu'elles se marient avec la partie antérieure de la coiffure, c'est-à-dire avec les papillotes et le visage, il faut toujours les porter en avant.

Quand on fait la coiffure à quatre coques, dont il s'agit dans cette leçon, si les cheveux ne se trouvaient pas assez longs, il faudrait en former quatre masses au lieu de deux; alors il faudrait, avec la main gauche, prendre l'extrémité d'une des masses pour faire la coque de droite; passer la main droite dans l'intérieur de cette coque, afin de lui donner les derniers soins que l'on désire, approcher de la tête l'extrémité des cheveux, que l'on tient toujours avec la main gauche, et assujettir la coque avec l'épingle. Dans le cas où les cheveux seraient assez longs pour que l'on puisse former deux coques avec une même masse, on s'y prendrait comme je viens de l'indiquer pour en former une seule.

DIXIÈME LEÇON.

Placer l'épingle.

En France, on se sert généralement d'épingles à une branche; celles dont on fait usage en Allemagne sont à deux branches; on en emploie aussi de semblables en Angleterre. Les dames allemandes ne connaissent pas d'autres épingles pour la coiffure; elles s'en servent pour les coques, pour les papillotes, etc. Si nos dames françaises connaissaient la commodité de ces épingles, nul doute qu'elles ne s'empressassent de les adopter. Rien de plus ingénieux n'a été imaginé pour conserver les papillotes dans la forme qu'on leur a donnée. Quelque temps qu'il fasse ou quelque secousse qu'elles éprouvent, il est impossible qu'elles se défrisent. C'est à Munich et à Francfort que l'on fabrique ces sortes d'épingles, et c'est dans ces deux villes que je les ai trouvées le mieux faites. Les personnes qui sont allées aux eaux de Bade ont pu voir que l'on en porte beaucoup.

En attendant que les épingles à doubles branches s'introduisent chez nous, je vais dire à quels caractères on distingue les bonnes épingles; celles-ci doivent être bien bronzées, avoir les pointes très aiguës, ne présenter aucune aspérité à la surface, et ne point former le crochet. Le dernier défaut que je signale est le pire de tous, puisqu'alors elles arrachent les cheveux, n'entrent que difficilement, et ne peuvent pas se retirer sans ébranler et déformer la coiffure.

ONZIÈME LEÇON.

Poser les fleurs.

Les fleurs ne se posent pas avant que les coques ne soient placées et la coiffure faite. Il y a autant de manières de les disposer qu'il y a de variétés dans les goûts. Quelques personnes aiment à les grouper, c'est-à-dire à en former de petits bouquets; d'autres les fixent éparses dans la chevelure, comme si elles y avaient été jetées au hasard. On a imaginé encore des arrangemens plus ou moins compliqués. Je pense, avec beaucoup de mes confrères, que les fleurs sont celles auxquelles il faut donner la préférence, et que l'on peut les adapter à la coiffure comme on le veut. Les fleurs sont un enjolivement, et donnent de la grâce à la physionomie, mais seulement quand elles se marient bien aux coques, et que leur nuance ne heurte ni le ton des chairs ni celui de la chevelure. Les fleurs attachées en demi-guirlande sont d'un effet très agréable.

Une personne grande et maigre, lorsqu'elle se pare avec des fleurs, doit toujours réserver les plus jolies pour les tempes, qu'elle aura soin d'orner plus que tout le reste. Des fleurs au sommet de la tête et sur les touffes siéent très bien à une figure ronde : si le teint est trop coloré, les fleurs dont l'éclat est le plus vif, rapprochées du visage, tempéreront la vivacité des couleurs ; si au contraire le teint est pâle, on devra recourir aux nuances délicates et tendres : le rose le moins animé est alors ce qui convient le mieux. Les fleurs qui sont blanches ne vont d'ordinaire qu'aux blondes.

La place des marabouts est subordonnée à leur finesse ; lorsqu'ils sont très beaux, on fera en sorte qu'ils soient très apparens, et par conséquent on les mettra sur le devant, le plus possible. Il faut beaucoup de tact pour bien placer les marabouts. Lorsqu'il est mal placé, il produit toujours un très mauvais effet. On ne doit les toucher qu'avec beaucoup de précaution. Il faut bien prendre garde de les écraser et de les fripper avec les épingles : une fois en place, ils doivent flotter, et n'être par conséquent engagés que par le canon de la plume. Une coiffure trop chargée en marabouts manque de grâce.

Pour poser un voile de mariée, on le prend par le coin le plus orné ; on plisse ce coin, on en forme une coque, que l'on attache sur le milieu de la tête, entre les coques de cheveux, avec une épingle que l'on fait seulement passer par-dessus le voile, de peur de le déchirer ; ensuite on jette le voile en arrière sur le côté. Avec cet ajustement, on fait autant de coques qu'on le désire, pourvu que la tête ne soit pas surchargée.

Les rubans peuvent aussi être employés à orner la coiffure : lorsqu'on a fait choix d'un ruban, sans le couper, on en forme entre les doigts une première boucle, que l'on placera sur la tête, entre les coques, la fixant avec une épingle, sous laquelle seront rassemblés tous les plis ; puis, le ruban toujours entier, on fera une seconde boucle, que l'on fixera de la même manière ; on en fera ensuite une troisième, une quatrième, etc., que l'on disposera suivant que le goût semblera le prescrire. Si l'on souhaite une coiffure haute, en formant les coques, il faudra passer à plusieurs reprises, à l'entour des cheveux, une petite natte, au moyen de laquelle on pourra donner à la coiffure autant d'élévation qu'on le voudra, en se servant d'épingles faites exprès. On ne fait plus de ces sortes de coiffures; et celles que l'on nomme *à la grecque* sont maintenant de mode.

DOUZIÈME LEÇON.
Faire des turbans.

Il y a diverses manières de former les turbans; et il y a des turbans de bien des sortes: ceux que vendent les modistes ne conviennent ordinairement qu'aux dames d'un certain âge. Un tel ornement ne doit être fait que par un coiffeur habile, qui sait mieux saisir l'ensemble de la figure de la personne.

Les turbans faits de plusieurs morceaux d'étoffes, et de différentes couleurs, sont très élégans; mais il faut que les changemens de nuance et les entrelacemens soient habilement ménagés: un turban dans lequel les oppositions ne sont pas bien senties, et les contrastes bien marqués, manque le plus souvent de relief et d'agrément. En général, je crois que les plus beaux turbans sont ceux que l'on fait avec une écharpe de plusieurs couleurs, bien que l'on en fasse quelquefois d'unis qui ne sont pas dépourvus de grâce.

Les turbans peuvent aller à toutes les figures : tout dépend de la disposition, de la couleur dominante et de la forme adoptée. Une coiffure qui laisse le visage à découvert ne sied pas aux femmes dont la figure est arrondie ou trop en dehors, ni même à celles dont la figure est ovale; pourtant elle n'est pas aussi défavorable à cette coupe, qui se concilie ordinairement avec la délicatesse des traits et la suavité du teint : dans ce cas, les couleurs auxquelles on donne la préférence sont le rouge, dans les diverses nuances, le rose et le blanc; le jaune va très bien à toutes les femmes, surtout aux brunes, à qui le bleu clair, le noir, et toutes les couleurs foncées, donnent de l'éclat et de la blancheur; le vert tendre, le bleu et le lilas, sont le partage des blondes. On peut faire des turbans avec toute espèce d'étoffes : avec de la soie, du cachemire, du mérinos, du barége, de la mousseline, de la gaze, etc.; avec des schalls, des écharpes, etc., etc.

Lorsqu'on se propose de faire un turban avec une écharpe, il faut avoir un ruban long d'environ une aune et demie, avec lequel on fait le tour de la tête, au-dessus et tout près des oreilles, pour le nouer au-dessus de l'oreille droite, laissant tomber l'excédant de ce côté ; ensuite on prend l'écharpe : plus elle sera longue, plus le turban sera étoffé ; on la plisse avec ses doigts vers l'une de ses extrémités, de façon à former un pan de draperie long de quatre à cinq pouces, que l'on sépare du reste de l'écharpe par un lien de fil de même couleur. Ceci étant fait, avec une épingle, on attachera au ruban l'extrémité drapée, de manière qu'elle pende à gauche, en accompagnant la tempe, et l'on passera toute l'écharpe par-dessus la tête, en faisant quelques plis qui aient de la grâce. L'écharpe ainsi jetée, il faut la déployer pour qu'elle enveloppe toute la partie supérieure de la tête, puis la rassembler en la tordant sur la nuque, et l'attacher en cet endroit avec le bout du ruban, en faisant deux nœuds pour plus de solidité : lorsque les nœuds sont faits, on fait tenir par quelqu'un le ruban droit devant soi, pour qu'il soit tendu et horizontal ; on plisse l'écharpe dans les doigts et comme si l'on voulait commencer une spirale autour du ruban; on la passe par-dessus, et, l'ayant ramenée par-dessous, on en forme une première coque; on répétera six ou sept fois la même opération, suivant que l'écharpe sera plus ou moins longue, ou la tête plus ou moins grosse. Ces coques, contiguës les unes aux autres, présenteront l'aspect d'une guirlande, dont on entourera le front en la disposant en diadème au-dessus des papillotes; cette guirlande finie sur le côté gauche, par le moyen du ruban qui la supporte, avec le reste de ce ruban et le reste de l'écharpe, on achève le turban en faisant quelques coques par-derrière. Pour un ruban à la juive, il faudrait faire passer le bout de l'écharpe sous le menton, afin de l'attacher du côté opposé. On observera que, pour plus d'élégance, les coques doivent être inégales et devenir de plus en plus petites, en allant de gauche à droite.

Les plumes, les marabouts, les esprits, les oiseaux de paradis, les croissans, les perles, les diamans et les pierreries de toute espèce, peuvent être employés pour orner les turbans.

Le croissant se pose au-dessus du front très en avant, ou bien encore sur le turban. Les perles se disposent par rangées, que l'on fait serpenter de manière à ce qu'elles décrivent des sinuosités agréables ; ordinairement on n'en met que par-devant.

Quand on sait faire une espèce de turban, avec de l'intelligence, du goût, et un peu de pratique, on parvient facilement à en varier les formes par des combinaisons nouvelles.

ART DU COIFFEUR.

AVANT-PROPOS.

Il est bien plus difficile de se coiffer soi-même que de coiffer une autre personne : aussi, dans la première partie de cet ouvrage, avons-nous dû entrer dans une foule de détails que nous croyons pouvoir nous dispenser de reproduire ici. Il ne sera pourtant pas superflu de se les rappeler dans la pratique des leçons suivantes, où se trouvent exposés les principes de la coiffure.

OPÉRATIONS DE LA COIFFURE.

Les opérations nécessaires pour parvenir à une coiffure complète sont ordinairement au nombre de douze : il faut, 1°. démêler les cheveux ; 2°. former la raie ; 3°. tailler les cheveux ; 4°. séparer les mèches et les lisser pour mettre les papillotes ; 5°. mettre ses papillotes et les passer au fer ; 6°. relever les cheveux ; 7°. former le casque et poser le peigne ; 8°. partager les longs cheveux par mèches ; 9°. les crêper ; 10°. les bien lisser par-dessus ; 11°. former les coques ; 12°. placer les coques et les fixer avec des épingles.

OBSERVATIONS.

Le coiffeur doit toujours se présenter dans une tenue décente ; il doit éviter que son costume décèle une trop grande affectation à suivre la mode ; ses doigts ne doivent point être trop surchargés de bijoux ; mais il doit avoir un soin tout particulier de ses mains, et les tenir dans un constant état de propreté.

Il fera sagement de s'interdire l'usage des parfums et des odeurs ; il s'abstiendra de fumer, de priser, et ne négligera aucune des précautions nécessaires pour se conserver l'haleine pure et saine. Rarement une main qui exhale un parfum de pommade n'inspire pas quelque dégoût : on n'aime pas à songer qu'elle a déjà tenu des cheveux. Une des principales qualités du coiffeur est sans contredit la discrétion : il doit tout entendre et tout voir, mais aussitôt oublier ce qu'il a vu ou entendu. Un des meilleurs conseils que l'on puisse lui donner, c'est de parler très peu. Il doit surtout se donner de garde d'aborder le territoire de la politique. Un coiffeur *nouvelliste*, ou bavard, n'est jamais un coiffeur de bon ton; souvent il inspire des défiances, et la plupart du temps il importune. Rien de plus dangereux pour lui que de s'abandonner à trop de familiarité, et de manquer aux convenances de son état. Il doit se tenir dans les limites d'une réserve décente, et ne jamais se permettre des propos dont puissent s'offenser des oreilles pudiques. Un coiffeur, qui sait se respecter, ne consentira dans aucun cas à accomplir des messages d'amour, et à se rendre l'intermédiaire dans une intrigue galante; sa complaisance ne doit pas aller jusque-là. Il ne doit pas non plus se faire le colporteur des anecdotes de coulisses; et s'il a ce qu'on appelle des bonnes fortunes, il ne doit pas s'en vanter. On n'exige pas de lui qu'il puisse causer science, littérature, musique, beaux-arts, etc.; il ne doit rien ignorer de ce qui concerne la toilette, et être à même de répondre à toutes les questions que l'on pourrait lui adresser sur les costumes, les nouveautés, les modes, etc. Un coiffeur doit être instruit de tout ce qui est relatif à l'entretien des cheveux et aux soins qu'exige la tête.

Il ne doit pas être étranger aux arts du dessin; et il retirera les plus grands avantages de les avoir cultivés. La peinture, la sculpture occuperont utilement ses loisirs, et devront être ses délassemens de prédilection; son goût ne pourra qu'y gagner.

PREMIÈRE LEÇON.

Démêler les cheveux.

La personne à coiffer doit être assise devant une toilette, sur une chaise à dossier, de hauteur ordinaire : elle doit faire face au jour.

La personne qui coiffe doit se placer derrière, à une certaine distance, de manière à pouvoir agir librement, sans gêner la personne qui se fait coiffer. Il est nécessaire qu'elle ait sous sa main tous les objets dont elle peut avoir besoin.

Elle prendra le peigne avec les quatre doigts et le pouce de la main droite; ensuite elle passera la main gauche sous les cheveux, et les saisira à poignée, près de la nuque, sans pourtant les serrer. Pour les peigner, on passe le peigne alternativement en dessus et en dessous ; en dessus, les dents doivent être baissées ; en dessous, on doit les tenir en l'air.

Lorsque les cheveux sont bien arrêtés, on les prend par mèches, afin d'en démêler les pointes ou les extrémités ; dans ce cas il faut, avec les quatre doigts et le pouce de la main gauche, maintenir ferme la chevelure auprès des pointes, afin que la personne qui se fait coiffer ne sente pas les mouvemens du peigne. En général, il faut toujours coucher le peigne, et aller à très petits coups, sans craindre d'y revenir trop souvent. Pendant cette opération, on ramassera les cheveux par tous les côtés, en les rassemblant avec la main gauche, qui doit être mobile à cet effet. Le peigne doit avoir passé dans chacune des parties de la chevelure, depuis la racine des cheveux jusqu'aux pointes, et partout à fond.

La personne qui coiffe doit faire en sorte d'avoir la main très légère ; il faut en même temps qu'elle soit très expéditive, afin de ne pas exciter l'impatience de la personne qui se fait coiffer. Les dames ne pardonnent pas à la lenteur ; et il vaut mieux laisser leur coiffure en quelques points imparfaite, que de s'exposer à provoquer les bâillemens de l'ennui, ou, ce qui est pire encore, l'agacement des nerfs.

Autant que possible, il est bon d'adapter la coiffure à l'air de la figure et aux habitudes de la physionomie ; mais, avant tout, il faut consulter le goût de la personne qui se fait coiffer : l'important est de la satisfaire ; et, pour y parvenir, il n'est pas de plus sûr moyen que de se conformer à sa volonté. La première de toutes les conditions à observer dans une coiffure n'est pas qu'elle soit très élégante et belle, mais telle qu'elle a été demandée.

DEUXIÈME LEÇON.

Mettre les papillotes et les passer au fer.

Quand on se dispose à passer des papillotes, il faut avoir auprès de soi le papier destiné à les envelopper ; ce papier doit être souple, sans être trop mince : le papier brouillard est préférable à tout autre. On le coupe d'avance par morceaux triangulaires ; chaque triangle a un grand côté dont la longueur est d'environ trois pouces et demi ; les deux autres côtés sont égaux, et leur longueur est d'environ trois pouces.

Quelques personnes coupent leur papier en carré ; mais cette disposition n'est pas aussi convenable.

Les parfumeurs et les marchands de papier vendent des papillotes toutes faites : on les trouve chez eux par paquets de cent, et de nuances différentes, pour les blondes et pour les brunes.

On ne mettra pas les papillotes avant que les cheveux ne soient bien démêlés : s'il est nécessaire, on leur donnera un coup de brosse, afin de les lisser mieux, et de les purger de toutes les petites pellicules poussiéreuses qui nuisent à la vivacité de leur éclat. On formera ensuite la raie, en se servant, pour séparer les cheveux, de la première dent du peigne, du côté où elles sont le plus écartées.

La raie doit se faire en prenant les cheveux en contre-sens, c'est-à-dire de bas en haut, à partir du front : de cette manière, on est plus certain qu'elle sera nette et régulière. La raie complétement tracée, on partagera les cheveux par-devant en autant de mèches que l'on veut avoir de papillotes, après toutefois qu'ils auront été parfaitement démêlés. A cet effet, on les prendra par parties entre les deux premiers et le troisième doigt de la main gauche, et sur les deux premiers doigts, joints l'un contre l'autre et renversés; on les décrêpera en les tenant aussi ferme que possible, afin que le tir soit insensible à la racine; chaque mèche doit ainsi se démêler sur le plat des doigts. Après cette opération, on se débarrasse du peigne, et l'on s'occupe de lisser les mèches, en commençant par la droite de la personne qui se fait coiffer. On aura le soin de lisser chaque mèche avec le pouce et les trois premiers doigts de la main droite, que l'on laissera couler jusqu'aux pointes, pour la ressaisir ensuite vers la racine avec le pouce et le premier doigt de la main gauche, en laissant également glisser jusqu'aux pointes, afin de reprendre les cheveux qui auraient pu échapper à la main droite. Autant que possible, les pointes doivent être disposées de manière à figurer le crochet.

Pour rouler les papillotes, il faut, avec le pouce et le premier doigt de la main droite, saisir la pointe de la mèche sur laquelle on veut opérer; la prendre ensuite entre le pouce et le premier doigt de la main gauche, et enfin, encore une fois, avec le pouce et le premier doigt de la main droite, contournant à chaque mouvement les cheveux, de façon à décrire une courbe ou volute dont tous les anneaux, couchés les uns sur les autres, présenteront un espace vide à leur antre.

La papillote roulée, il s'agit de l'envelopper alors sans lâcher les cheveux, que l'on tient à la racine avec le pouce et le premier doigt de la main gauche; on saisira le papier avec le pouce et les deux premiers doigts de la main droite, et on le passera sous la mèche, que l'on maintiendra à plat jointe au papier, en faisant en sorte que les anneaux ne se défassent pas.

Pour envelopper, on placera le papier comme il suit : on commencera par le coin de gauche, que l'on relevera avec la main gauche, en posant le pouce sur le pli; on passera ensuite la mèche et le papier entre le pouce et le premier doigt de la main gauche; puis on plissera le côté droit; en posant le pouce de la main gauche sur le pli, on reploiera plus bas le papier du côté gauche, sans serrer la papillote, et de façon à l'arrondir, en formant les plis toujours en dessus de la papillote; ainsi relevée partout, on la fermera en tordant du côté du nez.

Toutes les papillotes se font et se terminent de la sorte.

En les passant, il faut avoir attention de

bien avancer celles des côtés en avant, le plus horizontalement possible, afin qu'elles ne tombent pas sur les joues.

La méthode que nous venons d'indiquer ne s'applique qu'au côté droit. Pour mettre les papillotes du côté gauche, on fera exactement l'inverse de ce qui vient d'être prescrit.

Les papillotes terminées, on les passera au fer, après s'être assuré, comme je l'ai indiqué dans la première partie de cet ouvrage, qu'il a le degré de chaleur convenable.

TROISIÈME LEÇON.

Relever les cheveux et former le casque.

Lorsqu'on aura mis les papillotes, il faudra reprendre les grands cheveux par-dessous avec les quatre doigts et le pouce de la main gauche, pendant que le pouce de la main droite sera appuyé sur la tête auprès de la place où l'on doit former le casque; on relevera ensuite les cheveux avec la main gauche, qui n'a pas cessé de les tenir; on les tordra intérieurement du côté du pouce de la même main; on passera ensuite les cheveux de la main gauche dans la droite, n'employant à les saisir que les quatre doigts, le pouce restant où il est posé, jusqu'à ce que la torsade commence à se former : alors seulement on retirera le pouce pour mieux prendre les cheveux, et on le remplacera par le doigt *medium* de la main gauche, qui aidera à terminer le casque, pendant qu'on tordra toujours les cheveux avec la main droite. Il faut, autant que possible, que le casque vienne de loin, parce qu'alors sa forme est plus élégante, et qu'il prend mieux tous les petits cheveux qui tombent sur le cou. Quand la torsade sera achevée, on placera le peigne pour la tenir, et l'on prendra bien garde de trop enfoncer les dents.

QUATRIÈME LEÇON.

Partager les cheveux et les crêper.

Lorsqu'on voudra partager les cheveux, on les tiendra avec la main gauche, et on les séparera avec la première dent du peigne, en les tenant légèrement entre le premier et le second doigt de la main gauche, pour éviter qu'ils ne se forment en cordes. Au moyen de cette précaution on sera toujours assuré de réussir. On crêpera les cheveux en les soutenant entre le premier et le second doigt de la main gauche, et en les rebroussant vers leurs racines avec les grosses dents du peigne, afin de faire ainsi rétrograder les plus courts, ce qui formera le crêpé. On doit bien se donner de garde d'y aller à grands coups, ou en enfonçant trop le peigne; car alors on formerait des nœuds, ce qui est un grave inconvénient.

Après avoir crêpé la mèche, il faudra, autant que possible, la lisser dans la portion qui doit rester apparente : autrement la coque étant faite, le crêpé se voyant lui donnerait un aspect de saleté.

On peut se dispenser de toutes ces attentions quand on crêpe les cheveux de devant; car alors ce qui importe le plus, c'est que la mèche produise du volume, et par conséquent que les cheveux soient gonflés : il sera cependant nécessaire de bien les lisser à la surface, sans les décrêper, afin que la coiffure soit propre; à cet effet, il convient de coucher le peigne et de ne jamais rentrer les dents dans les cheveux.

Pour une coiffure légère, il est essentiel de crêper davantage, surtout en approchant de la racine des cheveux. Pour une coiffure forte et épaisse, on crêpera davantage le milieu et les pointes.

CINQUIÈME LEÇON.

Former la coiffure; placer les coques, les épingles.

La coiffure n'est complète que quand les coques dont elle se compose sont faites et fixées. Lorsque chacune des mèches qui doivent les former aura été crêpée et lissée, il faudra, en commençant par la mèche de droite, poser les cheveux à plat sur la main gauche, passant la main droite à la superficie pour coucher quelques cheveux qui pourraient s'écarter, et même pour rendre le lissé plus parfait; on doit faire ceci étant placé par côté, et légèrement, en avant de la personne que l'on coiffe, de manière à ne jamais lui embarrasser les pieds. La position par côté est la plus commode, en ce qu'elle offre la facilité de passer derrière dès qu'on est forcé de le faire.

Aussitôt qu'on aura achevé de lisser la mèche droite, il faudra passer derrière la personne, faire tourner cette mèche sur sa main gauche, la mettre à plat et la repasser avec les petites dents du peigne, en ayant soin de les bien coucher; ensuite, pour coucher la mèche et lui donner de la grâce et de la rondeur, on introduira la main gauche dedans; puis repliant les pointes pour les faire tourner en dedans, on placera l'épingle par-dessus, afin de tenir la coque.

Si les cheveux sont longs, et que la nuance soit égale des pointes à la racine, on peut en former une seconde coque. Si la nuance cessait d'être la même, comme cela arrive assez fréquemment dans les chevelures blondes, il faudrait replier les pointes pour les cacher dans les coques.

Pour faire une jolie coiffure, il ne faut ni trop ni trop peu de cheveux; lorsqu'il y a surabondance, on fait des tresses que l'on parvient facilement à dissimuler avec un peu d'adresse. Quand la chevelure manque d'épaisseur, il est indispensable d'employer une fausse natte, que l'on a soin de tordre dans les cheveux, au moment où l'on forme le casque, en faisant en sorte qu'elle ne puisse pas s'apercevoir. Si l'on ne pouvait se procurer une natte, le seul moyen d'obtenir une coiffure passable serait alors de crêper les cheveux et de les lisser ensuite, ce qui ne laisse pas de présenter des difficultés.

Quand on veut réussir à bien coiffer, il est essentiel de s'interdire l'usage des pommades;

des huiles et autres substances grasses, qui, humectant les cheveux, ont toujours pour effet de les coller ensemble, empêchent de les crêper aisément, et nuisent à la netteté des coques ainsi qu'à leur légèreté; les cheveux forment alors des fils, et il devient impossible de cacher le crêpé; il est bien plus agréable de crêper un cheveu sec, sans pourtant qu'il le soit trop : ici, comme en toute autre chose, il faut garder un juste milieu.

Selon la coupe des figures, il sera convenable de faire plus ou moins de coques. Les coupes allongées n'en exigent pas autant que celles qui ne le sont pas. Pour une coiffure ordinaire et toute simple, on ne fera qu'un petit nombre de coques; on en fera davantage pour une coiffure compliquée; car alors, plus la tête est garnie, plus elle est parée; mais la multitude de coques doit s'allier à la variété dans la grandeur et dans la disposition : ici l'élégance résulte de l'irrégularité, et l'irrégularité n'est bien qu'autant que le goût a présidé à l'arrangement. Il y a plusieurs manières de tourner une coque : celles de devant, du moins sur le milieu, pour avoir plus de grâce, doivent être droites, c'est-à-dire appuyées sur l'anneau qu'elles figurent, la portion convexe et lisse étant seule visible. On disposera les coques sur le derrière, suivant que la place le permettra.

SIXIÈME LEÇON.

Poser les fleurs et faire les turbans.

La pose des fleurs exige beaucoup de goût, puisque leur choix et leur arrangement doivent être en harmonie, soit avec le teint de la personne qui se fait coiffer, soit avec la forme de sa figure.

La coiffure à laquelle les fleurs doivent servir d'ornement doit toujours être faite auparavant : elle sera haute, basse, large et étroite, suivant qu'on le désire; on peut voir ce que j'ai dit à ce sujet dans la manière de se coiffer soi-même.

Les fleurs doivent dépasser les coques, afin d'être plus apparentes. Il est donc essentiel qu'elles soient plus exhaussées au sommet de la tête que dans toute autre partie; sur les côtés, elles devront s'écarter moins; on met ordinairement des cheveux sur les tempes, pour accompagner la figure : les fleurs les plus brillantes et les plus belles sont celles auxquelles on doit donner la préférence; il faut éviter de choisir celles qui font trop de volume, ou qui, n'étant pas assez souples, ne se détacheraient que difficilement.

En posant les fleurs, on doit prendre garde de les dénaturer, comme cela arrive trop souvent lorsqu'on casse les queues qui les supportent, ce qui prive du moyen de les faire arriver aussi loin qu'il conviendrait de le faire, et oblige à les mettre en paquet, ou du moins trop près les unes des autres. On doit, au contraire, laisser les queues telles qu'elles sont, c'est-à-dire dans toute leur longueur, autrement on dérangerait la soie qui entoure le fil de fer, et ce fil une fois découvert s'accrocherait dans les cheveux. Il est bon que le fil de fer ait une certaine force, afin que quand on veut faire une coiffure haute, et qu'en la fixant à son extrémité avec une épingle, la fleur ne vacille pas.

Lorsqu'on voudra poser des rubans et faire une coiffure à la mode, il faudra coudre ou au milieu ou au bord de ce ruban, d'une extrémité à l'autre, de la cannetille, afin de lui donner plus de soutien. Au moyen de cette précaution, on pourra sans crainte faire des coques hautes, qui ne seront exposées à tomber ni au bal ni ailleurs.

DES TURBANS.

Il me reste à parler des turbans. Les turbans sont de plusieurs sortes; il est des turbans à l'asiatique, à la grecque, à la turque, à la circassienne, à la bayadère, à l'égyptienne, à la juive, etc.; mais je n'indiquerai que la manière de former le turban le plus usité.

On forme des turbans, soit avec deux morceaux d'étoffe de couleurs différentes, soit avec un schall cachemire, soit avec une écharpe, soit enfin avec des bandes de barége, de crêpe, etc.

Lorsqu'on sait parfaitement faire une espèce de turban, après quelques essais, on parviendra aisément à faire tous les autres, en variant et disposant les coques de telle sorte qu'elles ajoutent constamment à l'agrément de la figure.

Le turban dont je vais enseigner la formation se fait avec un cachemire carré. On le prend d'abord par un des coins, puis, descendant la main gauche à une distance de huit pouces au-dessous de la pointe, on plisse le schall dans cette partie, et on le lie avec un cordon; alors on place le schall sur la tête, le coin attaché tombant par-devant; la ligature étant faite, avec le pouce et les deux premiers doigts de la main gauche, on tiendra le schall suspendu par le coin au-dessous duquel est placé le lien; puis, avec le pouce et le premier doigt de la main droite, on saisit, à environ quatorze pouces du nœud, un des bords du schall, que l'on plisse jusqu'à ce qu'on remonte l'autre bord, en lâchant les deux premiers doigts, et reprenant alternativement des autres trois doigts. Dès que les plis sont ainsi rassemblés, on passe le schall sur la tête, la pointe tombant sur le front, et on le fixe avec une épingle; on ramasse par-derrière, et toujours en plissant des deux mains, le schall, que l'on tord pour qu'il se maintienne, ou bien on le lie, si on le juge plus convenable. Quand on ne le lie pas, on plante une épingle pour l'assujettir, en ayant soin de laisser à découvert le commencement des cheveux sur la nuque, à moins qu'on n'ait des motifs pour ne pas les laisser apercevoir. Lorsque le schall est suffisamment attaché, on reprend ce qui en reste, on passe ensuite le schall par-dessus la pointe que l'on tient; on met une épingle en cet endroit, et on place une coque plus avant que celle que l'on a formée sur le côté droit, afin qu'elles ne soient pas régulières. On en fait ensuite une autre plus forte sur le côté gauche et plus basse que celle de droite; ensuite on pose son épingle, et on laisse le schall tel qu'il est pour un moment. C'est à présent qu'il faut reprendre la pointe de devant, pour en former une coque demi-couchée, qui doit donner de la grâce au turban; il faudra cacher la pointe derrière les autres coques, ou derrière la coque que l'on forme; et pour cela, il faut ployer la pointe avant de mettre l'épingle.

On reprendra le schall, avec lequel on formera une seule torsade, que l'on tournera avec grâce derrière la tête; si le schall est long, et que l'on puisse faire une seconde fois le tour de la tête, on formera un nouveau rang de coques au-dessus de celles qui sont déjà placées, en contrariant constamment celles-ci; et, tournant par la droite, on le plisse à six pouces, pour former une coque, que l'on arrête avec une épingle, sur la portion du schall qui couvre la tête. On plisse encore comme précédemment, pour former une seconde coque plus grande, et on la fixe avec une épingle; enfin, on forme une troisième coque encore plus grosse. Si le schall n'est pas assez long, il faut terminer le turban derrière les coques que l'on a formées en premier lieu. Pour l'accommoder à l'air de la figure, il sera bon de le retoucher, sans toutefois le déranger. Les coques doivent, autant que possible, être allongées et placées en biais; il est encore essentiel d'observer que le côté droit du turban doit toujours être plus haut que l'autre; le dernier morceau du schall sert à former, au sommet de la tête, une coque en biais qui doit dominer toutes les autres.

Faire un turban avec une écharpe.

Il faut avoir un cordon plat : on passe ce cordon dans les cheveux, que l'on partage avec la première dent du peigne, en les passant moitié sur le cordon et moitié dessous. On lie le cordon autour de la tête, au-dessus des oreilles, où on l'attache un peu serré. On prend l'écharpe par un bout, et on la rassemble en la plissant; on la lie de manière à en laisser passer environ cinq pouces; on rattache avec une épingle l'extrémité de l'écharpe, liée sur le côté gauche, au-dessus de l'oreille : en ayant soin que ce bout d'écharpe tombant accompagne la figure, on passera toute l'écharpe par-dessus la tête, en en laissant par-devant tout ce qu'il faut pour l'attacher sur le ruban avec une épingle ; on prendra ensuite toute l'écharpe avec les deux mains ; on la plissera, et on l'attachera au-dessus de l'oreille droite avec le cordon. La personne que l'on coiffe, ou la femme de chambre, doit tenir le grand bout du cordon qui était d'abord tombant. On reprendra l'écharpe pour la replisser ; on la fera passer sur le cordon, puis entre le cordon et la tête, pour former une coque ; on en formera ainsi plusieurs autour du cordon, la seconde plus grande que la première, la troisième moins grosse, la quatrième moins grosse encore. Lorsque les coques sont placées, on les dispose en forme de guirlande : on arrête provisoirement le cordon près de l'oreille gauche, tandis qu'on arrondit et qu'on arrange les premières coques ; et quand elles sont terminées, avec le reste de l'écharpe, que l'on reprend, on en fait de nouvelles, jusqu'à ce qu'il ne reste plus qu'un bout d'écharpe, que l'on rentre sous la dernière coque.

CONSEILS AUX MESSIEURS

SUR LES SOINS QU'ILS DOIVENT PRENDRE POUR ÊTRE BIEN COIFFÉS ET POUR ENTRETENIR LA BEAUTÉ DE LEUR CHEVELURE.

Il faut, pour être bien coiffé, 1°. que les cheveux soient parfaitement taillés à l'air de la figure; 2°. qu'ils soient tenus dans un constant état de propreté, au moyen de la brosse et du peigne; 3°. qu'ils soient nourris de temps à autre par une substance onctueuse bienfaisante (1); 4°. que leur frisure soit dirigée au moyen de quelques papillotes; 5°. que les cheveux, au moment où l'on va se coucher, soient convenablement arrangés sous un fichu; 6°. que la direction de ceux qui avoisinent les tempes soit horizontale; 7°. que le chapeau soit posé avec précaution et ôté de même; 8°. que chaque fois que l'on se découvre la tête, l'on s'assure si la coiffure n'a pas été dérangée.

---

(1) La crème d'alibour.

De la taille des cheveux.

Les cheveux doivent toujours être taillés à l'air de la figure : telle est la première des conditions à remplir pour réussir dans la coupe des cheveux. Un artiste habile saura que des cheveux maintenus assez volumineux sur les côtés pour former une masse, conviennent à un visage allongé, et à des tempes un peu creuses. Toutefois, on doit bien se garder de tenir dans cette partie les cheveux d'une longueur démesurée; car alors ils manqueraient de soutien, et le moindre vent ou l'humidité suffirait pour les faire tomber sur les oreilles, ce qui ne laisse pas d'être un inconvénient.

Pour bien tailler les cheveux, il faut toujours les couper carrément, c'est-à-dire de manière qu'aucune pointe ne dépasse l'autre : on commence par le derrière de la tête, à partir du cou, où on les tient un peu courts, pour les laisser graduellement plus longs à mesure que l'on ira en montant. Il vaut beaucoup mieux les tailler trop longs que de pécher par l'excès contraire; car, dans le premier cas, on peut toujours y revenir, et, dans le second, la personne est défigurée pour longtemps, sans qu'il soit possible d'y remédier.

Quand on aura fini de tailler les cheveux de derrière, on fera la même opération sur les côtés, en commençant par la droite : on saisira alors les cheveux entre le premier et le second doigt de la main gauche, la paume de la main tournée en dedans, et l'on en coupera les extrémités. L'on raccourcira davantage ceux qui joignent les favoris; et, à mesure qu'on s'en écartera, on les tiendra plus longs, sur une gradation insensible; de la sorte, les cheveux qui garnissent les tempes, se trouvant plus courts, soutiendront ceux qui pourraient retomber sur les côtés, et qui sont souvent incommodes. Il est essentiel que les oreilles soient parfaitement dégagées, pour éviter le chatouillement désagréable que pourrait occasionner le contact des cheveux vaguans.

On s'y prendra, pour le côté gauche, exactement comme pour le côté droit. Il s'agit maintenant de tailler les cheveux du milieu : on les saisira également entre le premier et le second doigt de la main gauche, et on les coupera très carrément, en allant de mèche en mèche, les accompagnant sans cesse et du peigne et des doigts, jusqu'à ce qu'on arrive au sommet de la tête. On suivra la même méthode pour tailler les cheveux intermédiaires, c'est-à-dire ceux qui n'appartiennent ni aux côtés ni au milieu. Lorsque les cheveux auront été ainsi disposés, on passera, à plusieurs reprises, le peigne à contre-sens de leur direction, afin de s'assurer s'il n'en est pas qui dépassent les autres ; alors on retrancherait l'excédant. Les cheveux étant taillés partout, on les peignera généralement avec un peigne de buis, afin d'enlever tous les débris de la taille ; ensuite on les passera à la brosse, pour nettoyer la tête et pour leur donner du brillant.

On fera bien de se friser le moins souvent possible, parce que les cheveux passés au fer se dessèchent et deviennent rouges à la pointe. Le fer brûlant la substance nécessaire à la nourriture des cheveux, il est tout naturel qu'ils blanchissent, à moins qu'ils ne tombent, ce qui arrive assez fréquemment ; alors on a recours, pour les alimenter, aux pommades et aux huiles de toute espèce, et presque toujours on ne fait que hâter les progrès du mal auquel on se proposait de remédier. D'un côté, les graisses empâtent le cuir chevelu et étouffent les bulbes ; de l'autre, les huiles le dessèchent. La *crème d'alibour* est le seul composé qui n'ait aucun de ces inconvéniens; sans doute on aurait tort d'en espérer les prodiges et la puissance de création que le charlatanisme attribue à ses nombreux spécifiques ; mais les substances qu'elle emploie étant combinées d'après les lumières de la science moderne sur la nature des cheveux, leur nutrition et les causes de leurs maladies, il est du moins certain qu'elle ne peut avoir que de salutaires effets.

Entretien des cheveux.

Les cheveux ne sont un véritable ornement qu'autant qu'ils sont propres et doués de cette flexibilité vivace qui favorise les ondulations. Pour conserver les cheveux dans cet état, il faut avoir soin de les peigner et de les brosser soir et matin. En se couchant, il est indispensable de les envelopper dans un fichu de toile, d'abord pour éviter qu'ils se boursoufflent et contractent de mauvais plis, ensuite pour les préserver de la poussière et des particules duveteuses qui se détachent des oreillers et des draps. Avant de passer la brosse, si l'on veut qu'on atteigne à la racine des cheveux, il est essentiel de les séparer avec le peigne ; alors on les oindra légèrement avec la *crème d'albour*, que l'on aura liquéfiée par la chaleur des deux mains. Lorsque les cheveux seront gras, il suffira de les oindre le soir.

Pose des papillotes.

Assez ordinairement on est dans l'usage de coucher ses cheveux constamment du même côté : c'est de ce côté qu'il faut mettre des papillotes. Les personnes qui sont dans l'habitude d'avoir leurs cheveux relevés, ou tenus extrêmement courts, sont dispensées de ce soin ; ce n'est pas pour elles que j'écris cet ouvrage : quant aux autres, à qui il n'est pas indifférent d'être bien ou mal coiffées, j'ose croire qu'elles tireront quelque fruit des conseils que je donne : je leur dirai donc, que pour imprimer une bonne direction à leurs cheveux, elles ne sauraient mieux faire que de recourir à l'emploi des papillotes, mais en petit nombre.

Pour que la frisure paraisse naturelle, chaque papillote doit contenir une mèche assez forte, pour que, développée, elle ne forme que le crochet.

Si l'on mettait une trop grande quantité de papillotes, la frisure étant générale et successivement divisée, donnerait à la tête l'aspect d'un chérubin : et une chevelure apprêtée de la sorte n'est pas moins ridicule que celle qui est plate ou hérissée.

Les anneaux renfermés dans chaque papillote doivent être laissés très larges ; par ce moyen, les cheveux semblent se boucler sans effort, et onduler par une disposition qui leur est propre.

Du fichu de nuit.

Le fichu doit être de toile. Lorsqu'on voudra le mettre, il faudra le plier en deux, de manière à ce qu'il forme le triangle ; puis, prenant un des bouts dans chaque main, on le passera sur la tête, le descendant jusqu'à la nuque, qui se trouvera ainsi couverte la première ; ce qui donnera le moyen de ramener les cheveux des côtés en avant, et sous le fichu. Avant de nouer le fichu, on doit, à mesure que l'on couvre la tête, arranger les papillotes dessous, en ayant soin, afin de les empêcher de contracter un mauvais pli, qu'elles posent à plat et les pointes en dessus. Le troisième coin du fichu doit être ramené par-dessus la tête, du derrière sur le devant, où il est compris sous le nœud : s'il dépasse, on le rentre, ou il reste tombant pour donner de la grâce à la coiffure.

Toilette de la tête, en se levant.

Si pendant la nuit on a transpiré de la tête, et que les cheveux soient humides, il ne faut ôter son fichu qu'un moment après être sorti du lit. Dans tous les cas, on ne doit pas ôter les papillotes immédiatement. Pour retirer les cheveux de l'enveloppe de papier qui contient chaque mèche, on attendra qu'ils se soient refroidis; si l'on négligeait cette précaution, ils ne friseraient pas.

Les enveloppes étant ôtées, on se démêlera avec les grosses dents du peigne, en allant à petits coups pour ne pas arracher ou briser les cheveux; on passera ensuite le peigne fin; ce dernier doit être en buis, et bien fait, c'est-à-dire à dents d'une force égale, sans être trop aiguës. Les dents trop aiguës offensent le cuir chevelu, et mettent la tête en sang : de là des plaies, à la vérité peu dangereuses, mais lentes à se fermer, parce qu'elles sont renouvelées chaque jour, jusqu'à ce qu'enfin elles se cicatrisent complétement par une escarre ou croûte, dont la chute emporte toujours quelques cheveux.

Lorsqu'on emploie le peigne fin, on ne doit pas le passer et le repasser sur la tête avec trop de force, ni s'opiniâtrer à le promener assez de temps à chaque place pour qu'il en résulte une irritation; ce serait vouloir occasionner le dépérissement des bulbes et provoquer la chute des cheveux. Souvent on cède au plaisir d'apaiser une démangeaison, et l'on ne s'arrête pas avant d'éprouver une sensation plus douloureuse, la cuisson; en agir de la sorte, c'est évidemment appeler la migraine, et quelquefois s'exposer à des congestions.

Quand les cheveux seront suffisamment peignés, on achèvera de les approprier avec une brosse en crins bien effilés, et qui ne soit ni trop douce ni trop rude. Les cheveux, pour être brossés à fond, devront être partagés par mèches, comme avant de mettre les papillotes. Cette dernière opération terminée, on réveillera le luisant des cheveux, en y passant un peu de *crème d'alibour*.

Lorsque, dans le courant de la journée, on s'apercevra que les cheveux des côtés tombent sur les tempes, on devra les relever délicatement avec les doigts, et les remettre en place; on parviendra ainsi, à la longue, à obtenir qu'ils se massent et se tiennent d'eux-mêmes. On peut aussi, de temps en temps, relever les cheveux de devant, quand ils s'abaissent trop sur le front.

Précautions à prendre en mettant son chapeau.

Le premier soin à prendre en mettant un chapeau, c'est d'éviter que les cheveux de devant se trouvent engagés et pressés sous le bord qui pose sur le front. Il n'est pas moins essentiel de soustraire les cheveux des côtés à une semblable pression; à cet effet, on les relevera en les enfonçant de manière à ce que la forme du chapeau ne puisse leur faire contracter aucun mauvais pli. Il est de toute nécessité d'observer ces précautions lorsqu'on désire être bien coiffé.

Précautions à prendre en ôtant son chapeau.

Il est rare qu'un chapeau gardé long-temps sur la tête n'altère pas la coiffure dans quelques unes de ses parties; quelquefois même la transpiration ou la pression exercée par la forme, la dérange complétement. Il faut alors relever les mèches qui se sont affaissées, rétablir les touffes et les masses, et donner de l'air à toute la chevelure. Si les cheveux étaient remplis de sueur, comme cela arrive après une longue promenade, on ferait bien de les laisser sécher avant d'y toucher : on pourrait, dans ce cas, pour accélérer la siccité, éponger l'humidité avec un mouchoir, mais seulement en pressant les cheveux, sans frottement : le contact de l'air fait ensuite le reste, et les cheveux se relèvent d'eux-mêmes dans les plis qu'ils doivent avoir.

Emploi du fer à friser.

Un bon fer à friser doit être très uni, avoir les branches un peu longues et d'une moyenne grosseur. Les branches doivent être recouvertes avec de la ficelle, afin que l'on ne soit pas exposé à se brûler les doigts.

Quand on veut faire chauffer le fer, il faut avoir soin qu'il soit bien fermé; alors on le met à un feu de charbon ou de braise; un feu de flamme ne vaut rien, en ce qu'il n'y a pas de flamme sans fumée, et que la fumée porte avec elle une humidité qui s'attache au fer, et l'empêche de glisser au moment où l'on veut le sortir de la mèche où il est engagé.

Lorsqu'on présume que le fer est chaud, on doit l'essayer sur du papier blanc, afin de s'assurer s'il n'a pas atteint un trop haut degré de chaleur. Il ne faut pas que le papier sur lequel on l'a essayé soit roussi ; s'il l'était, il brûlerait infailliblement les cheveux. Il ne faut pas non plus que le fer soit trop froid ; car alors il ne produirait aucun effet ; mais entre le trop et le trop peu, il est un milieu, et le fer, quelque chaud qu'il soit, dès qu'il ne roussit pas le papier, peut être employé sans danger. Il est un moyen très usité de refroidir un fer qui est trop chaud, c'est d'attendre jusqu'à ce qu'il soit au degré convenable.

La personne qui veut se friser, doit se placer devant une glace qui soit parfaitement éclairée ; plus la glace est grande, mieux elle vaut. Après avoir partagé les cheveux avec les grosses dents du peigne, en commençant par le haut de la tête, la personne les prendra par mèches, assez petites pour que la chaleur du fer puisse les pénétrer, et exercer entièrement son action. Ces préparatifs terminés, on saisira le fer, que l'on tiendra par la branche du côté du plein, avec la première phalange du premier doigt de la main droite, et par l'autre branche, avec les deux premiers et le troisième doigt de la même main, c'est-à-dire avec trois doigts, dont la première phalange de l'un d'eux est déjà occupée à tenir la branche du côté du plein.

Pour ouvrir le fer, on devra se servir de la troisième phalange du troisième doigt qui se trouve entre les deux branches du fer; et pour le fermer, on emploiera la deuxième et la troisième phalange du second doigt, ou doigt *medium*. De la sorte, on ouvrira et l'on fermera le fer avec la plus grande facilité.

Pour boucler les cheveux, on les prendra par les pointes entre le premier et le second doigt de la main gauche, et on les introduira dans le fer, que l'on ne cessera pas de tenir de la main droite, en mettant la branche creuse en arrière, afin de rouler les cheveux, dans leur sens, c'est-à-dire en tournant du côté du front : dans cette opération, on se servira de toute la main, en faisant agir tous les doigts. La mèche étant roulée, on la laissera chauffer dans le fer, environ dix secondes, après quoi on tournera le fer intérieurement, en l'ouvrant et le refermant à plusieurs reprises. Pour arrondir la boucle, on la laissera encore trois secondes sur le fer, puis on tournera de nouveau intérieurement, jusqu'à ce que les cheveux ne présentent plus aucune résistance. Lorsqu'on sentira que le fer est suffisamment dégagé, on le tirera de la boucle par côté, sans la défaire. On s'y prendra de la même manière pour toute la tête, à l'exception cependant des côtés, que l'on devra rouler pour qu'ils regardent la figure. Lorsque toute la tête sera passée au fer, on attendra, pour défaire les boucles, qu'elles soient refroidies; et quand on jugera qu'elles le sont suffisamment, on y mettra un peu de *crème d'alibour*, et l'on peignera. Pour faire usage de la crème d'alibour, on en prend dans le creux de la main la grosseur d'une petite noisette, ou d'un gros pois, on frotte les deux mains ensemble pour la faire fondre, et quand elle est presque fondue, ce qui ne tarde pas à avoir lieu, on s'en frotte les cheveux de manière à ce qu'ils en aient tous jusqu'à la racine; ensuite on se peigne.

DES COIFFURES ARTIFICIELLES.

Les coiffures artificielles servent à dissimuler les effets de la calvitie, soit complète, soit partielle. Ces coiffures ne produisent aucune illusion quand elles ne sont pas faites avec des cheveux.

Les cheveux détachés du tissu dans lequel les bulbes sont implantées, cessent de végéter, parce qu'ils ne prennent plus aucune nourriture; dans cet état, ils dépérissent plus ou moins promptement, si l'on n'a recours à certaines précautions pour les empêcher de roussir et de se dessécher.

Les cheveux coupés sont ou *naturels* ou *factices*, c'est-à-dire apprêtés.

On appelle cheveux naturels ceux qui, avant d'avoir été coupés, frisaient par une disposition qui leur est propre. Cette qualité de cheveux est la plus rare et la plus recherchée, surtout lorsqu'elle s'allie à une extrême finesse. On conserve les cheveux naturels en les renfermant dans des sacs de peau, après en avoir formé une espèce de torsade. Le sac sert à les préserver du contact de l'air ; c'est ainsi qu'on les envoie à Paris, de la Bretagne, de la Normandie, de l'Auvergne, de la Bourgogne, de la Suisse, et des autres contrées où les marchands de cheveux vont s'approvisionner. C'est dans les campagnes qu'ils achètent ce produit, que nous n'avons trouvé mentionné dans aucune de nos statistiques. D'ordinaire ce commerce se fait par échange, à l'époque des principales foires. Souvent, dans ces réunions, deux ou trois cents individus, filles ou femmes, viennent se présenter à la tonte, et cèdent leur chevelure; celles-ci pour un fichu, celles-là pour un bonnet, d'autres pour une robe ou pour un tablier. Jamais elles ne remportent d'argent : une crainte superstitieuse s'oppose à ce que ces sortes de marchés s'effectuent autrement que par un troc.

Les cheveux à frisure naturelle subissent plusieurs nettoyages avant d'arriver dans les mains du coiffeur, qui achève de les approprier et de les disposer suivant l'usage qu'il veut en faire, en prenant garde d'altérer leur nuance primitive. Les perruques et les faux toupets, fabriqués avec cette espèce de cheveux, méritent la préférence sur toutes les autres coiffures artificielles; en ce cas les mèches, lorsqu'on a eu soin d'en ménager les pointes, ont une souplesse agréable, et en même temps qu'elles ont du ressort, elles se prêtent à tous les arrangemens que l'on désire.

Les *cheveux factices* sont d'une qualité inférieure; souvent ils sont teints, et toujours ils ont été soumis à l'opération du *débouilli*. Pour les faire friser, on les roule sur de petits moules en bois que l'on jette ensuite suspendus à une ficelle, dans une chaudière pleine d'eau, où on les fait bouillir pendant environ vingt-quatre heures. Lorsqu'ils ont perdu leur suint par l'effet de ce bain, on les fait sécher à une moyenne chaleur, dans une étuve; on les retire des moules, on les passe à une carde faite avec des pointes d'osier et on leur rend du brillant en se servant d'un peu de saindoux. On peut se faire une idée de la maigreur des cheveux qui ont reçu une semblable préparation. Dépourvus de toute la substance intérieure qui leur donnait du corps, privés de cette espèce de vernis natif qui rend les poils de tous les animaux inférieurs à leur surface, et véritablement imperméables, ils ne seront plus abrités contre aucune des influences extérieures, et ne tarderont pas à prendre une teinte sale et repoussante. Employés en nattes, en toupets, et placés auprès des cheveux vivans, ils s'en distingueront bientôt par un ton terne et par un aspect misérable. Les personnes qui tiennent à la beauté de leur coiffure feront bien de veiller à ce qu'on ne leur donne pas des cheveux factices; à la vérité, elles pourront se les procurer à bien meilleur marché que les cheveux naturels; mais quelque bon marché qu'on les leur vende, elles les paieront toujours trop cher.

La nuance des cheveux naturels est toujours unique et plus franche que celle des cheveux factices. Les premiers ont en outre plus de moëlleux et plus de vigueur. Les cheveux factices sont secs au toucher, et pourvus d'un reflet sans énergie. Les cheveux teints se reconnaissent à la qualité de leur noir, qui se rapproche de celui des chapeaux.

Des faux toupets.

Rien de plus commun que les faux toupets : dans ce temps où les esprits sont plus méditatifs que jamais, le cerveau est enflammé par cette activité de l'entendement. Le siége des facultés intelligentes est livré à une ardeur continuelle ; de là toutes ces calvities prématurées à la partie antérieure de la tête, où s'opèrent la fermentation et le travail. Déjà cette cause a été reconnue ; j'en ai la preuve dans ce refrain du plus célèbre de nos chansonniers :

> C'est mon avis, moi de qui la sagesse
> A fait tomber tous les cheveux.

Combien de jeunes gens dont la nuque et les tempes sont encore suffisamment garnies, n'ont plus un seul cheveu au sommet de la tête et sur le front. Cependant le nombre de ceux qui paraissent chauves est très petit ; c'est que tous les bons esprits ne dédaignent pas de recourir de bonne heure à l'artifice du coiffeur, dont l'habileté parvient très heureusement à effacer les symptômes d'une raison trop constamment préoccupée. Autrefois il eût été du bon ton philosophique de faire parade de ces signes d'une caducité précoce ; mais aujourd'hui, comme on ne fait pas grand cas d'une vieillesse anticipée, et comme il y a toujours plus de profit, même au compte de l'amour-propre, à paraître jeune que vieux, on n'hésite pas à se résigner au faux toupet avant que le besoin de recourir à ce postiche soit de notoriété publique. Malheur à celui qui s'en avise trop tard, retenu qu'il était par une fausse honte! Vient-il enfin à se décider, à moins qu'il ne s'expatrie, tout le monde est dans le secret d'une illusion dont le bénéfice lui est refusé. Quelque petit que soit l'espace qu'une alopécie partielle ait mis à nu, si l'on veut s'éviter les désagrémens auxquels elle peut exposer, il faut donc s'empresser de dissimuler cet accident. Si l'alopécie fait des progrès, on en est quitte pour couvrir à mesure qu'elle découvre, et pour aller aussi vite qu'elle; il est même prudent de la devancer. A Paris, il est quelques coiffeurs qui excellent à faire les faux toupets; ceux-là d'ordinaire se livrent exclusivement à la fabrication de ce genre de postiches, et ils réussissent si bien qu'il devient impossible de s'apercevoir qu'une personne a employé leur ministère. Si la discrétion de mon état ne m'interdisait de les nommer, je pourrais citer ici plusieurs de mes pratiques qui portent de mes faux toupets, à l'insu même de leurs femmes. Cette perfection dépend surtout du parfait assortiment des cheveux, de l'entente de la taille et des dimensions bien prises.

On fait plusieurs sortes de toupets; les

toupets à colle sont les premiers dont on se soit servi ; on a ensuite imaginé les *toupets métalliques*, puis les *toupets à crochets* et les *toupets à brides*.

Les toupets à colle conviennent aux personnes qui, à l'endroit où elles sont chauves, n'ont plus l'espoir de voir repousser leurs cheveux : ces toupets s'ajustent merveilleusement ; et quand ils sont bien assortis au reste de la chevelure, il est vraiment impossible de ne pas les confondre avec la nature ; mais il faut qu'ils soient bien assujettis. Souvent pour les fixer, on fait usage de mauvaise colle, et l'on est exposé à des accidens qui apprêtent à rire. Quoi de plus fâcheux pour un orateur qui s'essuie au milieu d'une péroraison touchante, de ramener son toupet avec le mouchoir qu'il vient de se passer sur le front ! et pour un *fashionable* qui, confiant dans tous les avantages de sa personne, marche gravement à la rencontre d'un groupe de jeunes ladys qu'il se propose de saluer, est-il d'inconvénient plus grave que de laisser choir son toupet au moment où il fait la galante inclination ? Heureusement nous avons prévu tous ces contre-temps, et je vais indiquer comment on peut s'en préserver.

D'abord il y a diverses espèces de colles pour les toupets. L'une des plus solides se compose de farine de seigle, dont on forme une pâte en l'humectant avec de l'eau, dans laquelle on a fait dissoudre de la gomme arabique : un toupet, posé avec cette colle, peut tenir environ deux mois ; cependant il est prudent de ne pas attendre, pour renouveler cette colle, qu'elle ait perdu toute sa force d'agglutination. Quelques personnes emploient la gomme seule ; mais, de même qu'avec la farine de seigle, elle offre le désagrément, quand on enlève le toupet, d'arracher les cheveux qui l'entourent. La meilleure, comme la plus propre de toutes les colles, se fait avec de la cire vierge, de l'esprit de vin (alcool), un peu de pommade, etc. Cette préparation mérite toute confiance ; elle permet d'ôter et de remettre le toupet à volonté ; elle est à l'épreuve de la transpiration par les plus grandes chaleurs, et n'est pas un obstacle à ce que l'on s'essuie. J'aurais bien désiré donner exactement la recette de cette colle ; mais je ne pense pas que l'on sache la faire à Paris, où il est très difficile de s'en procurer. Jusqu'à présent, j'ai tiré de Toulouse celle dont je me sers ; elle est excellente, et j'en tiens toujours à la disposition de mes pratiques.

Dans une circonstance pressante, on peut coller un toupet avec le blanc d'œuf; mais alors il ne faut pas se risquer à monter à cheval : un temps de galop, un coup de vent, plus de toupet.

Lorsqu'on veut poser un toupet à colle, on commence par mettre de la colle sur le ruban qui en garnit les bords; on place ensuite la pointe du devant sur le front, en ayant soin qu'il joigne les cheveux, sans cependant les déborder, afin de ne pas agrandir la nudité; on appuie la main un instant, et l'on laisse sécher. Il faut éviter d'employer des toupets montés sur taffetas : outre qu'ils sont malsains, comme pour les poser on met de la colle partout, il en résulte qu'on ne peut les enlever sans arracher les petits cheveux qu'ils recouvrent, ce qui occasionne une douleur plus ou moins vive.

Les *toupets métalliques* sont maintenus au moyen de ressorts qui opèrent une forte pression sur les tempes; ils sont à la fois les plus visibles, les plus incommodes et les plus nuisibles à la santé. D'abord ils détruisent les cheveux à l'endroit où presse le ressort, et finissent par y laisser un espace vide de la grandeur de la plaque qui le termine à chacune de ses extrémités. En vain ces plaques sont-elles recouvertes avec des rubans, et matelassées avec du coton, elles ne laissent pas d'user les cheveux jusqu'à la racine et d'étouffer les bulbes, ce qui fait qu'ils ne peuvent plus repousser.

Les toupets métalliques sont très visibles lorsqu'il n'y a pas sur les oreilles des touffes assez fournies ou assez longues pour cacher ces masses de fer. Ces toupets ne peuvent convenir ni aux personnes qui n'ont que peu de cheveux, ni aux militaires, qui ont l'habitude de les porter courts. D'ailleurs, en posant ces toupets, si l'on est distrait, il arrive parfois que, sans s'en apercevoir, on place le derrière devant : j'ai vu plus d'un honnête célibataire coiffé avec cette simplicité, et plus d'un mari victime de cette erreur : heureux celui dont la compagne ne trouvait point dans une telle insouciance des motifs de chercher querelle ! souvent il faut moins que rien pour troubler la paix des ménages.

Les toupets métalliques sont excessivement gênans sous le chapeau, auquel ils font obstacle ; d'un autre côté, on ne peut passer la main sur la tête de la personne qui porte un toupet de ce genre sans sentir un corps étranger, trop volumineux pour qu'on ne soupçonne pas l'artifice. Je n'ai pas besoin de dire tous les désagrémens que peut causer une semblable découverte ; l'histoire des mariages manqués, si jamais on pouvait l'écrire, m'en fournirait plus d'un exemple.

Voilà bien des raisons de renoncer aux toupets métalliques, et pourtant je n'ai encore rien dit de l'interruption de la circulation du sang dans les *temporales*, des affreuses migraines qui s'ensuivent, des apoplexies, des maux d'yeux, etc., etc.

Les *toupets à crochets* sont les plus convenables lorsque la calvitie n'est pas sans remède, et que l'on ne s'est fait couper les cheveux que pour qu'ils repoussent plus vite. Ces toupets doivent être montés à jour, c'est-à-dire avec du tulle, et sur un ruban étroit, de manière à ne point intercepter l'air, si nécessaire à la végétation des bulbes. Si les toupets à crochets sont agréables sous quelques rapports, sans doute ils ont des inconvéniens que je dois signaler. D'abord ils forment toujours sur la tête une grosseur qui se sent lorsqu'on y pose la main ; ensuite il est rare qu'on n'éprouve pas des tiraillemens aux cheveux où les crochets sont attachés : ces crochets, en outre, finissent ordinairement par user la mèche qui s'y trouve engagée ; quelquefois ils la mâchent, et s'ils contractent de la rouille, ils la rongent jusque dans la racine. On prévient ce dernier inconvénient en évitant que les crochets mordent constamment sur les mêmes mèches.

Lorsqu'on veut poser un toupet à crochets, il faut toujours avoir soin d'ouvrir les crochets avant de le placer sur la tête : les crochets étant ouverts, on met le toupet droit, de manière qu'il cache toute la nudité ; ensuite on prend une mèche bien carrément, et de façon qu'aucun cheveu ne tire plus que l'autre ; on la passe dans le crochet, et on le ferme. Les crochets à couteau sont les plus commodes. On appelle crochets à couteau ceux qui se composent d'une rainure et d'une lame qui s'y engage, en se fermant d'elle-même par l'effet d'une charnière à ressort. Lorsque la mèche est prise entre la rainure et la lame, on fait une pression avec le pouce, jusqu'à ce que l'on reconnaisse qu'elle est suffisamment tenue. On commence toujours par les deux crochets latéraux, et l'on termine par le crochet qui fixe au derrière de la tête le toupet, sur lequel il faut appuyer ferme la main gauche, afin que la monture emboîte parfaitement la tête, et qu'il ne reste point de vide. Il y a des coiffeurs qui serrent les toupets au moyen de quatre crochets : quant à moi, je pense qu'il n'en faut pas plus de trois; car moins on multiplie les points d'attache, plus les cheveux sont ménagés.

Les *toupets à brides* sont les moins connus; cependant quelques personnes en portent, et s'en trouvent bien. Ces toupets demandent à être faits avec le plus grand soin, si l'on veut qu'ils recouvrent parfaitement la nudité; on ne peut prendre trop de précaution. Le patron de la monture doit être taillé d'après une forme particulière, afin que les brides, en tirant, ne fassent ni relever ni reculer le toupet; ces brides sont, ou de la corde à boyau, ou du ruban très étroit, qui vient de chaque côté du toupet, en faisant le tour de la tête. Sous ce ruban sont adaptés des élastiques qui servent à l'assujettir : trois autres petits rubans, venant aboutir au ruban circulaire, sont disposés de manière à empêcher le toupet de se relever par derrière; le tout est recouvert de cheveux qui se dirigent dans le sens de ceux de la personne. Attacher ces cheveux, est ce qu'en termes du métier nous appelons *cha-*

marrer les tresses dessus. Lorsque cette chamarrure est faite avec habileté, elle dissimule assez bien les attaches. Je ne dirai pas que les toupets à brides soient très commodes, mais du moins ils ne nuisent pas à la santé, et ne sont pas trop visibles : ils sont préférables aux toupets métalliques.

Les *toupets implantés* sont ceux qui imitent le mieux la nature : lorsqu'ils sont faits artistement, et avec des cheveux d'une qualité supérieure, il est impossible de les distinguer d'une chevelure naturelle : malheureusement ils excluent l'emploi de la monture à jour, et la partie qu'ils recouvrent est toujours privée d'air; ce qui est un inconvénient auquel on ne remédiera pas, puisqu'il faut nécessairement que les cheveux soient passés dans un taffetas d'un tissu très serré. Les toupets implantés plaisent généralement, parce qu'ils flattent l'œil, et font une illusion des plus complètes. Aujourd'hui, la plupart des toupets ordinaires ont une *finition* implantée pour former l'*épi*. Cette innovation est des plus heureuses : l'on finissait mal avec de la tresse ; quelque soin que l'on prît, la main de l'ouvrier était toujours plus ou moins apparente.

Après avoir décrit les diverses sortes de

toupets, il me reste à parler de leur entretien. Lorsqu'on veut conserver long-temps un toupet dans un état de propreté et de fraîcheur convenables, il faut l'enfermer dans une boîte parfaitement close, afin que la poussière ne puisse s'y introduire; et l'envelopper d'un papier, afin que les cheveux ne s'usent ni ne se tirassent en frottant contre les parois. J'ai vu des toupets se détériorer en très peu de temps, au point de n'être plus mettables, parce qu'on avait négligé de prendre la précaution que j'indique.

On préserve les cheveux de sécher, en les oignant de temps à autre avec de la crème d'alibour, ou toute autre substance bienfaisante. Pour être bien coiffé, il est bon d'avoir constamment deux toupets parfaitement semblables de nuance et de coupe : s'ils différaient de forme ou de couleur, ils changeraient l'aspect du visage, et produiraient un mauvais effet. Avec deux toupets, on a l'avantage de pouvoir alterner de l'un à l'autre, et de ne mettre jamais celui qui est humide : de la sorte, on est certain de prolonger leur durée, en ménageant à la fois et la monture et les cheveux, auxquels on laisse le temps de se sécher.

Des Perruques d'homme et de femme, des Touffes, des Nattes, etc.

Il ne manque pas de coiffeurs capables de faire des perruques; mais très peu s'inquiètent si, une fois terminées, elles iront bien ou mal : que leur importe la forme de la tête? Suivant eux, une perruque n'est autre chose qu'un bonnet; et pourvu qu'elle en remplisse les fonctions, tant bien que mal, ils croient s'être parfaitement acquittés de leur tâche.

Pour qu'une perruque remplace convenablement la chevelure naturelle, il faut d'abord qu'elle ne soit ni trop grande, ni trop petite; on ne doit donc pas la commencer sans avoir auparavant pris exactement toutes les mesures nécessaires. L'artiste ne doit pas négliger de consulter la personne qui a mis en lui sa confiance, afin d'apprendre d'elle comment elle se coiffait lorsqu'elle avait ses cheveux. Il doit savoir si elle les tournait du côté droit ou du côté gauche; si elle les portait tombans, épais, ras, courts ou longs, lissés ou frisés, afin de se régler d'après toutes ces indications. Il n'est pas moins utile de faire des remarques sur la conformation de la tête, et de prendre note des protubérances, soit osseuses, soit charnues, en s'assurant, avec précision, de leur étendue, de leur volume, de leur emplacement, pour être à même de les reproduire, soit avec du cuir, soit avec du plomb, sur la tête de bois, qui sert en quelque sorte de moule à la perruque.

La perruque étant terminée, c'est en la taillant qu'on achève de la façonner à l'air de la figure : cette opération exige du goût et une grande habileté.

Une perruque mal faite vieillit la personne qui la porte : lorsqu'elle est trop foncée, elle donne de la dureté aux traits ; est-elle fournie en cheveux, elle a l'apparence d'un gazon. Une perruque sert non seulement à cacher des nudités dont l'aspect est toujours pénible, mais encore à dissimuler des cheveux blanchis avant l'âge, ou des cheveux d'une couleur et d'une venue désagréables. Il ne faut pas toujours être chauve pour porter perruque, et se trouver bien de cette espèce de coiffure. J'ai vu des jeunes gens qui, s'étant fait raser la tête, parce que leurs cheveux tombaient, n'ont plus ensuite, lorsqu'ils repoussaient, voulu renoncer à la perruque, tant ils étaient certains de n'être pas aussi bien coiffés

J'avais mis, il est vrai, tous mes soins à leur faire des perruques, qui non seulement dussent leur convenir, mais encore les avantager sous beaucoup de rapports. Je crois que, dans ce genre, lorsqu'on est un peu observateur, il est souvent possible de faire mieux que la nature; l'important est de ne pas la heurter par des contre-sens absurdes, de ne pas donner des cheveux noirs, par exemple, à un octogénaire, ou des cheveux blonds à une duègne.

Les perruques non seulement contribuent à l'ornement de la tête, mais encore à son état de santé : elles préservent des maux de dents, des maux d'oreille, des migraines, des ophthalmies, des gouttes sereines, etc. J'ai guéri plusieurs personnes atteintes de rhumatismes de cerveau, en leur faisant des perruques doublées avec de la flanelle ou de l'agaric (amadou).

Autrefois les perruques de dames, autrement nommées *cache-folles*, n'étaient pas faites avec la même perfection qu'aujourd'hui. Par le moyen de *l'implanté*, nous sommes enfin parvenus à imiter la disposition des cheveux sur la tête, avec toutes les clairières qui, dans quelques endroits, laissent apercevoir la sueur. L'implanté est plus ou moins bien fait, suivant que les passées de cheveux dans le taffetas sont plus ou moins fines. Lorsque chaque passée n'est que d'un seul cheveu planté avec régularité, l'implanté est beaucoup plus beau que lorsqu'elle en contient plusieurs, surtout ensemble du même trou, ou dispersés au hasard. Quand on ne s'y connaît pas, il n'est pas difficile de confondre ces deux sortes d'implantés l'un avec l'autre; cependant, en y regardant de près, on y remarquera une grande différence : l'un reproduit les raies de chair, de manière à tromper l'œil le plus exercé, tandis que l'autre n'est qu'une imitation grossière dont la supercherie se révèle aussitôt.

Les personnes qui achètent des perruques à implanté ne sauraient mettre trop d'attention dans la vérification minutieuse des ouvrages de ce genre. A Paris, où les charlatans abondent, il ne manque pas de ces marchands d'implanté fait à la hâte; ceux-là remplissent les journaux de leurs annonces, ou bien encore ils étalent aux regards du public des têtes à demi chauves, qu'ils présentent comme des chefs-d'œuvre. Tous ces moyens d'attirer les regards, et de jeter, comme on dit, de la poudre aux yeux, sont bien vieux, et pourtant on voit qu'ils ne sont pas usés, puisqu'ils font encore des dupes : aussi ai-je cru devoir placer ici ces observations, afin d'inspirer de justes défiances contre de prétendus artistes qui n'ont que le talent de spéculer sur la crédulité.

Les perruques à cheveux naturels sont celles pour lesquelles l'implanté a été introduit avec le plus de succès ; elles jouent la nature à s'y méprendre, surtout quand elles prennent bien la tête sans l'emboîter ni cerner le visage ; qu'elles ne font aucun pli et ne se relèvent pas par derrière, ce qui est un grand défaut.

Je me suis occupé depuis long-temps de déguiser les effets de la canitie chez les dames qui ont des cheveux gris sur le devant et sur les oreilles, sans en avoir à la nuque : enfin, après bien des essais, je suis parvenu à inventer des tours qui peuvent se poser sans cordons, ni crochets, ni colle, et qui produisent une illusion parfaite. Je ne dévoilerai point ici mon procédé ; mais je me ferai un plaisir de donner, aux personnes qui voudraient me consulter sur leur coiffure, tous les détails qu'elles pourraient désirer à cet égard.

Les personnes qui n'ont pas assez de cheveux peuvent augmenter à volonté le volume de leur coiffure, en faisant usage des touffes que l'on a nommées *invisibles*, parce qu'elles se confondent avec la chevelure. La monture de ces touffes doit être très petite, afin d'occuper moins de place possible dans les cheveux, qu'il est essentiel de tenir assez courts pour qu'ils se marient facilement avec les touffes. Il faut coiffer ces touffes avant de les poser; à cet effet, on les attache avec une épingle sur une pelote ou sur la couverture du lit, et là on les peigne et on les dispose convenablement en touffes. Quand elles sont bien adaptées, elles ne se dérangent jamais. D'autres touffes, destinées à remplir le même objet, et de la même manière, s'attachent avec un peigne : il en est qui se placent sur les cheveux; elles sont très commodes pour improviser une coiffure quand on est pressé. Pour qu'elles tiennent avec solidité, il n'est besoin ni de cordons, ni de crochets, et elles ont en outre l'avantage de coûter peu. J'en ai fabriqué jusqu'ici un grand nombre; et le débit que j'en fais me prouve chaque jour que les dames en sont satisfaites.

Lorsque les personnes qui ont peu de cheveux se servent de fausses nattes, elles doivent éviter de les choisir trop fortes : une natte trop fournie arrache les cheveux par son poids. Une natte, pour pouvoir être bien posée et former la torsade, doit être montée en pointe; car aujourd'hui, que l'on n'attache plus les cheveux, on a renoncé aux nattes larges et plates de monture.

Les nattes, pour que les cheveux ne se cassent pas, exigent quelques soins : lorsqu'ils deviennent trop secs, il faut y passer une substance onctueuse qui les ravive et les rafraîchisse. Cette opération est nécessaire toutes les fois qu'on voit de petits cheveux se détacher de la masse. Si l'on se sert de la crème d'alibour, on ne doit en mettre que légèrement : autrement, on ne pourrait plus crêper les cheveux.

Quand on s'est servi d'une natte, il est essentiel de bien démêler les cheveux, afin qu'ils ne soient point ondés. Il faut pour cela l'attacher à un clou par la coulisse qui existe à la monture. La natte étant peignée d'après les principes que j'ai exposés dans l'*Art de se coiffer soi-même*, on la ploiera en deux, et on la déposera dans la toilette, mais sans la tresser; car alors elle contracterait de mauvais plis, dont on ne pourrait plus se rendre maître. Une natte bien entretenue se conserve long-temps belle, sans roussir.

Il ne faut jamais oindre les *touffes invisibles* avec aucune huile ni pommade, à moins que l'on n'en mette très peu, et encore ne doit-on pas attendre au moment de s'en servir, car alors il serait difficile de les crêper. Ces touffes, lorsqu'on les quitte, doivent être enfermées dans une boîte, où elles soient à l'abri de la poussière; mais on doit auparavant les mettre en papillotes, afin de les avoir toujours prêtes quand on voudra se coiffer de nouveau. Les petites touffes faites avec de la frisure naturelle doivent être roulées et attachées avec une épingle, afin de ne point fatiguer la frisure, qui doit se maintenir sans qu'il soit nécessaire de la passer au fer, dont on ne doit faire usage que pour les touffes à frisure factice.

Les *touffes à peigne* se mettent avec les touffes à crochets ou invisibles; on maintient également leur frisure par le moyen des papillotes. Ces touffes sont très commodes; seulement, soit en les posant, soit en les ôtant, on doit prendre garde de casser les peignes auxquels elles sont adaptées.

On évite que les cheveux d'une perruque se ternissent et contractent un reflet désagréable, en les oignant de temps à autre avec des substances propres à les nourrir et à leur donner de l'éclat. La pommade, qui les empâte sans pénétrer dans les tubes, est ce qu'il y a de moins convenable pour parvenir à ce résultat. Une perruque, pour rester exempte de saleté, devrait, pour ainsi dire, être placée sous verre; dans tous les cas, il est bon de la tenir hors des atteintes de la poussière, et de la poser sur un champignon, afin qu'elle ne prenne aucun mauvais pli. En posant la perruque sur le champignon, il faut en peigner les nageoires, de manière à les faire rentrer en dedans, afin qu'elle s'applique mieux sur les tempes quand elle sera sur la tête; sans cette précaution, elle tendrait à s'écarter, et il serait très aisé d'apercevoir que l'on porte perruque.

Les personnes sujettes de transpirer à la tête doivent toujours avoir au moins deux perruques, afin que l'une se sèche tandis qu'elles portent l'autre. Il y a un avantage incontestable à pouvoir ainsi en changer suivant le besoin; d'abord les cheveux se conservent mieux, et la monture ne s'encrasse pas au point d'être froide en hiver et dégoûtante en toute saison : ici le soin de la santé est d'accord avec la stricte économie.

HISTOIRE DE LA CHEVELURE.

La plus belle parure que la nature ait donnée à l'homme est, sans contredit, la chevelure ; elle couronne avec grâce et majesté sa stature ; et les diverses manières dont elle est plantée impriment à la face humaine un caractère différent : tantôt les cheveux s'élevant droits dès leurs racines, tournent en anneaux bizarres, et, laissant à découvert un front vaste et penseur, donnent à la physionomie de la majesté. Souvent, et chez les femmes surtout, une douce mollesse les partageant du sommet jusqu'au front, les fait retomber sur les tempes : alors s'offre à nos yeux cette belle ligne qui, s'unissant à celle du nez, donne à l'ensemble des traits cette pureté, cette noblesse que nous admirons dans les têtes du Guido et du divin Raphaël. Les physionomistes attachent beaucoup de prix à cette tendance de la chevelure à se séparer sur le haut de la tête ; ils regardent l'élévation du crâne qui la produit comme annonçant dans l'individu la douceur unie à la fermeté, des idées habituellement élevées, enfin l'amour du beau et du sublime.

Je ne sais jusqu'à quel point cette opinion peut être juste; mais des observations journalières, et l'examen des chefs-d'œuvre que nous ont laissés les arts antiques, pourraient y donner quelque poids.

Les anciens, profonds observateurs de la nature, avaient bien remarqué les divers caractères de la chevelure : par des nuances habilement saisies, ils en avaient fait un des principaux moyens d'exprimer la divinité des individus qu'ils représentaient, et même les rapports d'origine qui existaient entre eux. Le jet de la chevelure de Neptune et de Pluton rappelle celle de Jupiter. Hyllus, fils d'Hercule, porte les cheveux rabattus sur le front, comme son père; Alexandre les portait relevés sur le front et retombant sur les tempes, à la manière du roi des dieux, pour faire croire qu'il était fils de Jupiter. On peut faire les mêmes remarques sur les autres divinités.

Non seulement les Grecs employèrent la chevelure comme un caractère propre à donner aux figures la grâce ou la dignité qui leur convenait, mais encore, dans leurs écrits, ils la présentèrent comme le complément de la beauté qu'ils se plaisaient à décrire. Homère nomme toujours la femme célèbre pour laquelle s'arme toute la Grèce, *Hélène à la belle chevelure;* et après lui les poètes de toutes les nations et de tous les siècles ont vanté le charme d'une chevelure d'or ou d'ébène, se rattachant en tresses sur le front d'une jeune beauté, ou déroulant ses longs anneaux sur des épaules d'albâtre.

L'histoire de la chevelure offre une foule de particularités curieuses; et l'on a écrit bien des volumes sur ce grave sujet. La chevelure était presque en vénération chez les anciens, pour qui elle a toujours été un moyen de manifester la joie ou la douleur. Nous voyons dans l'Écriture, que négliger le soin de ses cheveux était un signe du plus profond désespoir. En France, et chez une infinité d'autres peuples, le sacrifice volontaire de sa chevelure était la marque d'une grande douleur, ou un dernier adieu au monde : « Sa couleur, sa longueur, sa frisure, dit le spirituel auteur des *Étrennes de la mode*, ont donné tour à tour les mouvemens les plus rapides aux jeux singulièrement variés de la mode; quelques uns même, prenant les sombres couleurs du fanatisme, n'ont pas été fort éloignés de présenter l'affreuse image des jeux de la guerre. »

La privation de la chevelure était une punition terrible pour les Hébreux : quand le prophète Isaïe menace de la colère céleste le peuple de Dieu, il termine l'effroyable anathème par ces mots : *Et le Seigneur rendra chauves les filles de Sion*. Il paraît même que leur respect pour les cheveux était si grand, qu'en reprocher la perte était pour eux l'injure la plus humiliante. On sait ce qu'il en coûta à quarante-deux petits enfans de la cité de Béthel, pour avoir appelé chauve le prophète Élisée : le disciple d'Élie prit fort mal la plaisanterie, et deux ours énormes firent justice des imprudens railleurs.

Les Romains, de même que les Israélites, avaient horreur des têtes chauves; car avant l'invention des perruques, ils se faisaient peindre des cheveux sur le crâne, et César obtint du sénat l'autorisation de porter constamment une couronne de laurier pour cacher sa calvitie.

Symbole des droits civils et naturels, la chevelure devint en quelque sorte sacrée chez nos ancêtres : on jurait sur ses cheveux, comme on jure aujourd'hui sur son honneur; les couper à quelqu'un était le dégrader. Une loi des Allemands, qui date de l'an 630, prononce une amende considérable contre quiconque est assez téméraire pour porter le fer sur la tête d'un homme libre, sans son consentement; l'homme qui ne pouvait payer ses dettes allait vers son créancier, et lui présentant des ciseaux, se déclarait son esclave.

Jusqu'au huitième siècle, les chrétiens nobles faisaient couper les premiers cheveux de leurs enfans par des personnes qu'ils honoraient, et devenaient ainsi les parrains spirituels de leurs fils.

L'an 730, Charles-Martel envoya Pépin son fils à Luitprand, roi des Lombards, afin qu'il lui coupât ses premiers cheveux, et par là devînt son père adoptif. Luitprand saisit avec joie cette occasion de témoigner son amitié à Charles-Martel : le jeune prince fut renvoyé en France avec des présens dignes d'un grand roi.

L'une des muses, la sévère Uranie, garde sur ses brillantes tablettes les titres éternels de la vénération des hommes pour la chevelure. Le chantre des dieux, le pieux Callimaque, qui vivait à la cour des Ptolémées, a célébré dans ses vers la fidélité d'une belle reine, et les hautes destinées de sa chevelure: Bérénice, femme de Ptolémée Évergète, s'était engagée par un vœu à faire à Vénus l'offrande de ses cheveux, si son époux revenait triomphant dans ses États; fidèle à sa promesse, elle les suspendit dans le temple de la déesse; mais ils en furent enlevés dès la première nuit. Furieux de ce larcin sacrilége, Ptolémée se livrait déjà à tous les excès d'une aveugle vengeance, lorsque, pour en arrêter le cours, un célèbre astronome, nommé Conon, lui persuada qu'une constellation de sept étoiles qu'il venait de découvrir dans le ciel, était formée des cheveux qui avaient disparu. Cette heureuse fiction, en flattant le prince, apaisa sa fureur, et la nouvelle constellation fut nommée *la chevelure de Bérénice*.

L'éclatant hommage du poëte prouve l'espèce d'admiration passionnée que causait la vue d'une belle chevelure. Les femmes la regardaient comme leur plus bel ornement, et en prenaient un soin extrême. Les Athéniennes, et plus tard les Romaines, portèrent à son plus haut degré de perfection l'art d'arranger la chevelure; et lorsque la nature trop avare leur avait refusé ses dons, des cheveux étrangers disposés en tresses, en rouleaux, en longues boucles flottantes, suppléaient à ceux qui leur manquaient. Tantôt elles en formaient des coiffures en casque ou en bouclier, et se plaisaient ainsi à prendre des airs guerriers, qui contrastaient avec la douceur de leurs regards; tantôt de longs cheveux, baignés des essences les plus précieuses, descendaient avec grâce sur leur sein voluptueux. C'est ainsi qu'Anacharsis nous représente la femme de Dinias l'Athénien : « Lysistrate, dit-il, passait pour une des plus jolies femmes d'Athènes, et cherchait à soutenir cette réputation par l'élégance de sa parure; ses cheveux noirs, parfumés d'essences, tombaient à grosses boucles sur ses épaules; des bijoux d'or se faisaient remarquer à ses oreilles, des perles à son cou, et des pierres précieuses à ses doigts. »

Quelquefois les Athéniennes portaient au-dessus du front une espèce de bandeau ou demi-cercle en or, entouré de boucles avec tant d'art, qu'on n'en voyait que la partie la plus saillante qui sortait du milieu des cheveux, pour former le diadème à la manière de la reine des dieux, ou de la mère de l'Amour.

Plus souvent elles rattachaient leurs cheveux avec de petites chaînes d'or, ou des bandes de pourpre; les fleurs, les aigrettes, les poinçons garnis de pierres précieuses, complétaient la parure. Sapho parle de ces sortes d'épingles en écrivant à Phaon : « Depuis que vous êtes parti, je n'ai pas eu le courage de me coiffer; l'or n'a point touché mes cheveux. Pour qui prendrais-je le soin de me parer? à qui voudrais-je plaire? »

Un ornement particulier aux femmes d'Athènes était des cigales d'or qu'elles se plaçaient dans leurs cheveux; c'était un honneur réservé aux seules citoyennes de la ville de Minerve. Les anciens Athéniens se regardaient comme autochthones ou enfans du sol; et les cigales, auxquelles ils attribuaient la même origine, étaient un de leurs symboles. La belle Némia, maîtresse d'Alcibiade, portait des cigales d'or dans ses longs cheveux noirs.

Tous ces ornemens ne suffisaient point encore au désir de plaire. Lorsque la couleur des cheveux n'était point assortie à leur physionomie ou à la carnation de leur peau, les belles Grecques avaient recours aux teintures pour leur donner la nuance à la mode. Quelques unes, pour donner plus d'éclat à leur blonde chevelure, la poudraient d'une poussière d'or : « J'examinais la toilette, dit encore le jeune Scythe Anacharsis; j'y vis des bassins et des aiguières d'argent, des miroirs de différentes matières, des aiguilles pour démêler les cheveux, des fers pour les boucler, des bandelettes pour les assujettir, des réseaux pour les envelopper, et de la poudre d'or pour les en couvrir, etc. »

Quand Rome libre et fière avait des mœurs et des vertus austères, la coiffure des femmes était fort simple; elle consistait à séparer les cheveux sur le front, à les tordre par derrière, et à en faire un bourrelet qui décorait le haut de la tête. Les monumens antiques prouvent que telle était aussi la coiffure des femmes grecques, qui savaient toujours unir la grâce à la simplicité. Les cheveux ainsi relevés, on les réunissait derrière ou sur le devant de la tête, par une espèce de nœud appelé *corymbion* par les Grecques, et *nodus* par les Romaines. Quelquefois aussi, après avoir noué les cheveux, on les ramenait sur le haut de la tête, où une seule épingle suffisait pour les assujettir.

Par suite des progrès de la civilisation et du luxe, les coiffures devinrent plus compliquées : dans les unes, les cheveux naturels, frisés avec un fer chaud pour les boucler, étaient entourés d'un bandeau d'or ou de pierreries qui les séparait des cheveux étrangers, qu'on laissait lisses. Dans d'autres coiffures, on partageait les cheveux en plusieurs tresses qui entouraient la tête, se réunissaient, et étaient contenues par une longue épingle. Ces deux sortes de coiffures, par un agréable mélange, en formèrent une troisième, qui unissait les boucles sur le front, et les tresses derrière la tête. Juvénal et Martial font mention de ce genre mixte.

Les femmes mariées affectaient d'imiter les vestales; elles portaient comme elles un voile qui cachait leurs cheveux et descendait sur leurs épaules. La seule différence était que les matrones laissaient paraître sur le front quelques boucles de cheveux arrangées avec beaucoup d'art.

Il est probable que les Gauloises adoptèrent peu à peu les usages romains, et que leurs grâces naturelles s'embellirent encore par l'emploi des modes étrangères.

Parmi toutes les reines ou princesses dont la sculpture nous a conservé les antiques images, toutes celles qui ont été célèbres par leur piété sont représentées le front couvert d'un voile, sans aucune apparence de cheveux.

De la nature des cheveux, et des soins nécessaires à leur entretien.

Les anciens et les modernes ont beaucoup écrit sur la nature des cheveux. Je n'entretiendrai point mes lecteurs de leurs différens systèmes; je ne me permettrai même qu'une légère analyse.

La quantité, la grosseur et la couleur des cheveux, est en rapport avec la constitution de l'individu qui les porte, et avec la température des lieux qu'il habite. Les personnes d'un tempérament sanguin ont des cheveux en grande quantité, bien nourris et ordinairement d'un beau noir lustré. Chez les mélancoliques, les bilieux et les nerveux, ils sont d'une teinte moins foncée, et varient pour la quantité et la grosseur; les phlegmatiques les ont ordinairement blonds ou châtain-clair. Les peuplades des contrées septentrionales ont des cheveux d'une finesse soyeuse et d'une longueur surprenante; tandis que la tête de l'Éthiopien ne produit qu'une végétation de quelques pouces : la prévoyante nature a pourvu l'homme des zônes glacées d'une épaisse et longue chevelure, pour défendre sa tête contre l'âpreté des hivers, et elle a épargné à l'habitant des tropiques un luxe de parure qui lui eût été à la fois incommode et inutile. Cependant, ce n'est pas uniquement à garantir du froid que cette chevelure est destinée; nos cheveux étant des corps végétans, ils ont non seulement, comme certaines plantes, une bulbe et des racines, mais ils possèdent encore la faculté de transpirer par leurs extrémités. D'après les observations faites au microscope sur les cheveux et le poil des animaux, les anatomistes infèrent que chacun de ces poils étant un tuyau cylindrique rempli d'une moelle fibreuse, il est évident que les cheveux, outre leur destination de couvrir la tête, ont encore celle d'être les organes spéciaux d'une partie de la transpiration insensible qui abonde sur toute la surface du corps. Ce qui confirme ces assertions, c'est que, dans la maladie polonaise appelée *plica*, le sang transsude par l'extrémité des cheveux, qui deviennent en quelque sorte charnus; de plus, on guérit certains maux de tête en coupant les cheveux s'ils sont trop longs, parce que cet excès de longueur empêche la transpiration d'arriver aux extrémités ; d'un autre côté on s'expose à des maux d'yeux, à des fluxions, lorsqu'étant d'un tempérament humide on se les rase imprudemment, et qu'on ôte par là à cette transpiration ses conduits naturels. En effet, le savant chimiste M. Vauquelin, dans son analyse des cheveux, démontre cette vérité, et nous apprend que « deux sécrétions se font à la tête : l'une par les vaisseaux exhalans ou cuir chevelu ; l'autre par les cheveux eux-mêmes, dont la partie centrale, de nature spongieuse, rejette au-dehors une huile particulière. »

L'application sur la tête d'une substance, même inerte, ainsi que l'impression subite d'un grand froid, peuvent suspendre ces sécrétions. Il est important de prévenir cet accident, soit en fortifiant la tête par l'usage des eaux spiritueuses, soit en l'accoutumant graduellement à supporter le froid ; il faut, dans ce dernier cas, que la chevelure soit assez fournie pour servir de vêtement à la tête ; car si elle est rare, ou d'une faible végétation, alors la prudence ordonne de la couvrir pour favoriser la transpiration insensible nécessaire à la santé. Au reste, c'est une erreur de croire que les cheveux trop abondans contribuent à maigrir l'individu qui les porte; et c'est en vain que plus d'une mère a fait courageusement le sacrifice des cheveux d'une fille chérie, espérant que ce luxe de végétation, refluant ailleurs, ramènerait l'équilibre dans sa frêle existence. Les cheveux végètent et se nourrissent d'une substance qui leur est exclusivement propre; de là vient qu'ils peuvent vivre et croître, quoique le corps dépérisse. On trouve dans les *Transactions philosophiques* un fait rapporté par Wulférus Arnold, qui appuie ce sentiment. Le tombeau d'une femme enterrée à Nuremberg ayant été ouvert quarante ans après sa mort, on vit sortir, à travers les fentes du cercueil, une grande quantité de cheveux; on l'ouvrit; le corps de la femme était enveloppé d'une longue chevelure épaisse et bouclée. Il est encore d'autres exemples d'un tel phénomène. Un autre abus assez général parmi les personnes qui cherchent à obtenir une belle chevelure, c'est celui de l'emploi exagéré des pommades et des huiles; par ces onctions trop réitérées, on noie la plante; au lieu de la faire croître, on l'étouffe; les pores s'obstruent, et souvent de violens maux de tête avertissent, mais trop tard, du danger de ces moyens.

Les plus simples, les moins coûteux, et les plus sûrs, non pour augmenter le nombre des tuyaux capillaires, ce qui est impossible, mais pour conserver les cheveux, hâter leur développement en grosseur et en longueur, c'est de les couper souvent, de les peigner, de les brosser tous les jours (1), pour débarrasser la tête des petites pellicules blanches qui rendent les cheveux sales : on fait cette toilette le matin, afin d'aérer les cheveux, et de sécher la transpiration de la nuit; le soir,

---

(1) Il faut brosser les cheveux avec une brosse un peu dure, trempée, par ses extrémités seulement, dans un mélange d'eau et d'un spiritueux doux, tel que l'eau de Portugal; peigner ensuite avec un peigne en buis à dents serrées, mais pas assez pourtant pour qu'il ne puisse dégager la peau de la tête de tout ce qui s'en détache dans le cours de la journée. On y repasse ensuite la brosse imprégnée d'eau de Portugal pure, si l'on a les cheveux naturellement onctueux; ou, s'ils sont secs, on les humectera avec de la crème d'alibour.

Cette crème est nécessaire aux cheveux lorsque, par l'effet des années ou d'accidens, ils commencent à se dessécher.

pour enlever la crasse formée dans la journée, par la chaleur et la poussière.

L'usage de tremper le peigne dans de l'eau où l'on aura jeté quelques gouttes d'eau de Cologne, est très salutaire, surtout si l'on a le soin de ne point mouiller les racines des cheveux, parce que cette humidité pourrait être malsaine pour certains tempéramens. Ce moyen, employé de temps en temps et avec précaution, rend les cheveux souples, brillans; il ôte surtout la mauvaise odeur que leur donne la transpiration concentrée, et les entretient dans un état de moiteur favorable à leur végétation. On peut même, en été, se laver entièrement la tête une fois seulement, soit avec de l'eau de son pour les dégraisser, soit avec des infusions émollientes ou aromatiques, selon que l'on sent le besoin ou d'apaiser les démangeaisons que causent les chaleurs au cuir chevelu, ou de fortifier les racines des cheveux; ces lotions sont favorables à l'accroissement de la chevelure. Les Norwégiens obtiennent l'excessive longueur de leur chevelure par des lotions faites de la décoction du *rhodiola-rosea*, plante mucilagineuse, légèrement astringente, et qui répand une odeur de rose fort agréable; et les insulaires de la mer du Sud, qui tirent toute leur parure d'une chevelure longue et soyeuse, la doivent, dit un jeune auteur digne, par ses talens, de porter un nom déjà célèbre (1), au fréquent usage de se laver les cheveux. Un citron coupé en deux, et trempé d'eau, sert à la fois de brosse et de peigne aux femmes de Timor. L'acide nettoie la chevelure, et l'huile odorante du citron la pénètre de parfum. J'ajouterai en faveur de l'usage de laver les cheveux, une observation empruntée à l'*Hygiène des dames*; l'auteur conseille aux femmes de laver entièrement leur chevelure quand elles prennent un bain.

« Beaucoup de femmes, dit-il, pourront m'objecter la longueur de leurs cheveux; je répondrai que les plus belles chevelures étant les plus difficiles à entretenir propres, elles sont dès-lors celles qu'il est plus nécessaire de nettoyer à fond, qu'il n'est pas de moyen plus commode que le bain, et que l'eau est ce qui donne le plus beau lustre aux cheveux, pourvu qu'on les sèche et qu'on les peigne de suite, l'été au soleil, l'hiver devant le feu.

---

(1) M. Jacques Arago, auteur d'une *Promenade autour du monde*.

Quant aux inconvéniens qui peuvent résulter de l'usage de laisser la tête sèche, il ne serait pas impossible que les fréquentes migraines dont se plaignent les femmes n'aient pour cause primitive le manque d'eau à la tête, ce qui ne permet pas au peigne et à la brosse d'en détacher entièrement les pellicules qui s'y attachent, et qui, en bouchant les pores, ne laissent pas de cours à la transpiration. »

Ce régime convient surtout aux cheveux souples et gras. Quant à ceux qui sont naturellement secs, cassans et rebelles, ils réclament l'emploi nécessaire et presque journalier de la crème d'alibour. Lorsque la crasse de la tête est trop abondante, ce qui arrive surtout dans la première enfance, et qu'elle ne cède pas aux soins de propreté, alors elle annonce un vice dans les humeurs et les glandes de la peau. Pour y remédier, on emploie avec succès les décoctions de bourrache, de mauve, de feuilles de molène ou bouillon blanc, de racine de patience, faites dans l'eau, ou dans le vin si on croit devoir les rendre plus toniques. Pendant l'application de ces fomentations, il est essentiel de garantir la tête des variations de l'atmosphère, de peur de faire répercuter les humeurs dont la nature semble chercher à se débarrasser.

Une des choses les plus nuisibles à l'accroissement des cheveux, est de les nouer pour les relever. J'ai vu de très belles chevelures s'amoindrir et disparaître sensiblement par suite de cette funeste coutume. Soit qu'elle empêche les jeunes cheveux de croître, soit qu'elle étiole la racine des plus grands en mettant obstacle à la circulation de l'air, il est certain que rien ne les rend en peu de temps aussi grêles. Il est moins dangereux de les tordre ; mais rien ne leur convient mieux que de les laisser flottans ou en former des coques. Les cheveux sont naturellement élastiques ; la légère tension qu'ils éprouvent chaque jour, contribue à augmenter leur longueur, tandis que l'air, pénétrant plus facilement à travers les mèches entrelacées, entretient leur souplesse et leur brillant éclat.

Ce n'est pas assez de connaître les moyens de conserver les cheveux, il faut encore trouver celui de les faire recroître quand un accident ou la maladie nous en a privé. Il est des espèces de calvities momentanées que l'art et les soins peuvent combattre ; il en est d'autres où les bulbes chevelues, frappées de mort par la violence du mal, sont à jamais stériles ; c'est ce que distingue très bien l'antique école de Salerne, en indiquant un étrange remède pour faire recroître les cheveux, remède digne, ce me semble, des petites maîtresses du onzième siècle, époque où ces apophtegmes furent recueillis.

De cheveux un chef dépouillé,
Pourvu que la jeunesse aide encor la nature,
En le frottant souvent de jus d'ognon pelé,
Recouvrera sa chevelure.

Je doute que ce précepte, malgré sa docte origine, plaise jamais à nos belles, fussent-elles chauves comme la fortune.

Les *Éphémérides des curieux de la Nature*, et d'autres ouvrages du même genre, rapportent un fait qui donnerait à la décoction de buis la propriété de faire croître les cheveux d'une manière extraordinaire. Une jeune fille ayant employé ce moyen, il opéra avec tant de force, que partout où l'eau avait touché, il y avait crû des cheveux. Son cou, son visage, étaient devenus hideux, et l'on fut obligé d'employer les secours de la médecine pour la débarrasser de ce luxe importun.

L'huile de noisette, la graine de camomille, de laurier, la gomme de lierre, dissoute dans l'huile d'amande douce; la graisse d'ours, la moelle de bœuf, et en général tous les corps gras, appliqués avec modération, nourrissent les cheveux et hâtent leur accroissement; mais il faut éviter l'excès, car la surabondance produirait un effet contraire.

Les moyens les plus simples et les moins dangereux pour teindre la chevelure, sont: l'écorce de liége, brûlée et incorporée dans une pommade à l'héliotrope; l'infusion dans l'eau de rivière des écorces du chêne, du saule, du noyer, de la grenade, du mûrier noir, du myrte, de l'arbousier, du brou de noix, les sommités de sumac, et en général de toutes les substances riches en tannin; on s'en lave les cheveux, qui noircissent à la longue. Les noix de galle, les cônes de cyprès, les grappes de lierre, les semences de betteraves rouges bouillies dans du vin, sont plus actives. On hâte l'effet de toutes ces substances en se servant chaque jour d'un peigne de plomb.

On recommande aussi le suc de baies de sureau, les feuilles de ronces, celles du viorne, macérées dans l'huile d'olive; ces préparations noircissent assez promptement les cheveux et les empêchent de tomber.

Un auteur recommande de laver les cheveux dans une décoction de fruits de lierre, de tremper un peigne dans de l'huile de tartre, et de peigner les cheveux au soleil ; on réitère cette opération trois fois dans la journée, et au bout de huit ou dix jours les cheveux ont atteint la nuance désirée.

La limaille d'acier, infusée dans du vinaigre très fort, produit aussi le même effet ; mais une application réitérée de ce moyen durcit les cheveux.

———

DES DIVERSES MALADIES
DES CHEVEUX,
ET DES MOYENS D'Y REMÉDIER.

Réflexions.

On a beaucoup écrit sur le chapitre des cheveux, soit comme ornement naturel inséparable de la beauté, soit comme instrument de l'entretien de notre santé.

Mais ce n'est point avec des ouvrages volumineux qu'on peut réveiller l'attention des hommes sur un de leurs plus précieux avantages, tandis que, pour le conserver, ils montrent une indifférence inconcevable, et qui leur est souvent funeste. Cependant cet objet intéresse à la fois la propreté, la santé, et la beauté, que l'on chérit et recherche partout, et que l'on n'obtient quelquefois que par les soins les plus assidus.

On ne saurait donc y revenir trop souvent. Mais ceux qui, par état, s'en occupent avec le désir ardent d'être utiles, doivent, en traitant ce sujet, être brefs et concis, pour ne pas courir le risque d'effrayer la paresse de ceux qui ont le plus besoin d'instruction à cet égard, et d'être, presque à leur insu, bien guidés dans ce qu'ils doivent faire, soit pour conserver leurs cheveux, soit pour remédier aux maladies auxquelles ils sont exposés.

De l'alopécie ou *chute des cheveux*.

Les causes de l'alopécie sont : 1°. un état valétudinaire, cacochyme ; 2°. une maladie aiguë, ou une maladie chronique long-temps continuée, surtout le scorbut ; 3°. les affections pénibles de l'âme ; 4°. de trop grands travaux de l'esprit ; 5°. la vieillesse, etc., etc.

Toutes ces causes, la dernière exceptée, se réduisent, pour ainsi dire, à une seule, savoir : l'affaiblissement vital, la lenteur dans la circulation, qui cesse de fournir l'aliment nécessaire au système pileux. Quelques médecins ont pensé qu'une humeur âcre, agissant sur l'organisation du bulbe dans lequel le poil est implanté, déterminerait ainsi sa chute ; mais quand on examine avec attention les endroits dépilés, on n'y trouve aucune altération. Ce qui a donné lieu à cette opinion, c'est la chute des cils, lorsque le bord des paupières est ulcéré, la chute des cheveux dans quelques teignes négligées; la chute des poils dans les endroits où il y a des excoriations un peu profondes: dans ces cas, il y a alopécie, non seulement parce que le bulbe est corrodé, mais parce que le tissu de la peau auquel ce bulbe est attaché se trouve détruit; ce n'est qu'une alopécie consécutive à l'ulcération de la peau.

Quand les poils tombent une première fois, à la suite d'une maladie aiguë, il en repousse d'autres de même nature et en quantité presque aussi considérable: s'il y a une seconde alopécie, les poils deviennent plus rares; enfin une troisième alopécie laisse la tête largement chauve.

Il est d'observation constante que la tête est plus dégarnie, 1°. dans les endroits que presse habituellement la coiffure; 2°. dans les parties où la peau est le plus rapprochée des os: ainsi les tempes, le voisinage des oreilles, la nuque surtout, sont encore très garnis quand le reste de la tête est tout dénudé.

Différens moyens ont été désignés pour s'opposer à l'alopécie ou pour la réparer. En général, on réussira à prévenir l'alopécie, en combattant les causes qui pourraient la provoquer et que nous avons indiquées : ainsi on donne les antiscorbutiques, les toniques de toute espèce, dans l'alopécie par faiblesse, par épuisement; on donne des consolations à ceux qui sont minés par le chagrin; on fait quitter le cabinet à ceux qui se livrent à un travail immodéré, etc., etc. Après cela, le moyen le plus assuré pour empêcher que l'alopécie ne devienne complète, et pour mieux réussir à la réparer, est de raser tous les poils, et de répéter plusieurs fois cette opération; il en résulte deux avantages : le premier, c'est que la racine peut être maintenue en vigueur avec une quantité de suc nourricier qui eût été insuffisante pour nourrir un cheveu très long; le second avantage se trouve dans la section répétée de petits poils qui, par là, acquièrent le volume et la consistance des poils ordinaires. Confirmons ceci par une comparaison; si un arbre languit, si le sommet et les branches sont privés de vie, on le coupe plus ou moins près de la racine; en terme de jardinage, on le recèpe, et il pousse des rejetons vigoureux; si on a un jeune semis, on le recèpe plusieurs fois pour que les racines prennent de la force, et pour qu'elles poussent ensuite une tige ferme et bien nourrie.

La plupart des remèdes proposés pour faire pousser les poils sont illusoires; cependant il ne faut pas être exclusif : ainsi l'on conçoit qu'un topique stimulant convient bien sur une peau frappée d'atonie; ainsi des corps gras donneront de la souplesse à une peau tendue et comme desséchée; tout ce qui va au-delà est vain, inutile, et l'apanage du charlatanisme.

De la canitie ou blancheur des cheveux.

La canitie est naturelle, contre nature, et accidentelle : la première a lieu dans un âge avancé; la seconde est celle des enfans; la troisième est produite par une maladie physique ou morale.

La canitie est locale ou générale; elle est locale quand il n'y a que quelques parties chevelues blanches. La canitie générale est celle qui se trouve partout où il y a des poils; elle est pendant long-temps incomplète; ce n'est que dans un âge très avancé qu'il n'y a plus de cheveux noirs.

Il n'y a point d'époque fixe pour le commencement de la canitie : ordinairement les cheveux grisonnent entre trente et quarante ans; mais quelquefois ils sont plus précoces; d'autres fois plus tardifs. Ce changement de couleur a lieu, d'abord à la tête, ensuite au menton, enfin aux autres poils du corps : celui des aisselles est plus tardif.

Plusieurs auteurs prétendent que la canitie a lieu chez les femmes bien plus tôt que chez les hommes; mais cette règle a autant d'exceptions que de confirmations. On a cru aussi que les cheveux roux blanchissaient avant les cheveux noirs; je pense qu'on a été trompé par les apparences : une quantité donnée de cheveux blancs sur la tête d'un brun présentera une canitie moins avancée que ne le sera cette quantité sur la tête d'un blond.

Les causes de la canitie sont très multipliées. En général, tout ce qui peut affaiblir l'organisation, rendre languissante l'action vitale, produit ou hâte le changement de couleur des poils : ainsi les excès dans l'usage du vin, des maladies très aiguës ou très longues, des douleurs permanentes à la tête, les travaux assidus de l'esprit, les vives impressions morales, sont autant de causes de la canitie. On voit dans les *Éphémérides des curieux de la Nature*, huitième année, qu'une femme, attaquée d'une douleur chronique à la tête, ayant reçu une grande quantité de douches sur cette partie, les cheveux sur lesquels tombait l'eau devinrent tout blancs, et les autres restèrent noirs.

Il n'a été question, jusqu'à présent, que des canities venues par gradation; mais on cite plusieurs exemples de canities subites, soit pendant la vie, soit après la mort. Cœlius dit qu'un homme qui cherchait des petits d'épervier dans un rocher, et dont la corde qui le tenait suspendu s'était inopinément rompue, éprouva une si grande frayeur, que sa tête blanchit subitement. Il dit aussi avoir vu plusieurs naufragés qui, s'étant sauvés à la nage en courant les plus grands dangers, étaient arrivés à terre avec les cheveux entièrement blanchis.

Schenckius rapporte le fait suivant :

« Diégo Osarius, espagnol de grande famille, épris d'amour pour une jeune demoiselle de la cour qui répondait à sa passion, lui donna rendez-vous dans un bosquet du jardin de la maison royale que le monarque occupait alors. Pendant que les deux amans étaient ainsi en tête à tête, un petit chien les aperçut, se mit à japer, attira du monde, et les fit ainsi découvrir : le jeune homme, trouvé en flagrant délit, fut incarcéré et bientôt jugé à mort. La nouvelle de ce jugement lui fit une si profonde impression, qu'on le trouva, le lendemain, les cheveux tout blancs et la figure ridée. Le roi, instruit de ce fait, accorda la grâce au coupable, le regardant comme assez puni de sa faute. »

La cause immédiate de la canitie a été attribuée à l'aridité de la peau et au desséchement du bulbe, par quelques auteurs; au tempérament humide et phlegmatique, par d'autres. Ces deux opinions, quoique opposées en apparence, peuvent cependant être vraies. Je pense que la canitie de l'enfance tient à la faible, délicate et muqueuse organisation de cet âge; que la canitie accidentelle est l'effet de la perturbation dans l'organisation du bulbe, et de l'altération générale des fluides; que la canitie des vieillards dépend de la diminution évidente dans le volume du bulbe, de la constriction des vaisseaux, de la lenteur dans la circulation, et probablement de plusieurs autres causes encore qui échappent à notre perspicacité.

On trouve, dans les auteurs médecins, les moyens préservateurs et les moyens curatifs de la canitie : les unes sont internes, les autres externes.

On a conseillé à l'intérieur les pilules d'agaric, la thériaque, le mithridate, la chair des vipères ; quelques anciens médecins assurent que l'usage de la vipère préserve non seulement de la canitie, mais conserve dans une jeunesse perpétuelle.

Les médecins arabes prescrivent une espèce d'opiat, composé de cinq onces de mirobolans noirs dépouillés de leur enveloppe, deux onces de gingembre, avec une suffisante quantité de beurre. En prenant de cette composition un ou deux gros par jour, on est, à ce qu'ils assurent, préservé de la canitie.

Zimara donne, comme moyen préservatif de la canitie, de se laver tous les jours la tête avec du lait d'une chienne, et assure en avoir constaté l'efficacité par des expériences répétées plusieurs fois.

Marcellus préconise les ablutions sur les cheveux et les poils, avec de l'eau dans laquelle on a fait bouillir une tête d'agneau très blanche.

Les Persans et les autres musulmans de la secte d'Ali noircissent leur barbe aussitôt qu'elle commence à blanchir ; ils se servent, pour cela, d'un mélange de graisse et de feuilles pilées d'un arbre appelé *mendi*; des barbiers attachés aux bains publics font l'application du topique après le bain; au bout d'une heure, la couleur noire est fixée : on réitère l'application tous les huit à dix jours.

Les médicamens prescrits contre la canitie sont en grand nombre, et presque tous appliqués à l'extérieur.

Je veux rapporter seulement deux ou trois formules de remèdes topiques, auxquels les auteurs attribuent une grande efficacité pour noircir les cheveux.

Forestus prescrit le liniment suivant : Vin rouge, une livre; sel de cuisine, un gros; encre de cordonnier, deux gros : mêlez; faites bouillir quelques minutes; ajoutez oxide de cuivre, un gros; faites encore bouillir un peu; retirez le vase du feu, et ajoutez-y quantité suffisante de noix de galle; donnez une consistance à peu près semblable à celle du miel. On se frotte la barbe et les cheveux avec cette composition ; on essuie au bout de quelque temps avec du linge chaud ; ensuite on lave avec de l'eau commune.

Gruling vante beaucoup une prescription composée d'une once de noix de galle, et d'une quantité suffisante d'huile; on fait cuire jusqu'à ce que les noix crèvent, et on y ajoute du sel gemme, du sel de cuisine et de la cire blanche, à la dose de deux gros chaque; un gros de girofle et trois gros d'alun : on fait cuire une seconde fois pendant un instant; on laisse refroidir, et on conserve dans un vase de verre placé à l'ombre.

Zimara indique plusieurs remèdes dont je rapporterai un seul; c'est le suivant : Chaux vive récente et encore en pierre, une livre; litharge jaune, et plomb brûlé (oxidé), une once de chaque : dissolvez d'abord la chaux dans de l'eau de fontaine; ajoutez ensuite la litharge et le plomb réduits en poudre très fine; mélangez pour faire un liniment d'une consistance convenable; lavez les cheveux avec de l'eau commune avant d'y appliquer cette préparation; couvrez ensuite la tête avec un linge; enlevez, le lendemain matin, la poussière qui s'est formée par la dessiccation du remède pendant la nuit. On pourra faire deux ou trois fois l'application du liniment, si les cheveux ne sont pas suffisamment noirs.

Cette préparation est une des plus efficaces, et la plus souvent employée; mais elle racornit les cheveux, qui prennent l'aspect et la consistance de crins ; elle crispe la peau de la tête, et souvent l'excorie ; elle donne des céphalées, et elle n'atteint au but qu'imparfaitement ; car, au bout de huit à dix jours, les cheveux deviennent roux.

Il y a encore une longue liste d'autres substances qui peuvent noircir les cheveux, telles que la fiente d'hirondelle, le fiel de taureau, la fleur de bouillon blanc brûlée et mise dans du vinaigre, l'huile d'olives sauvages, la pulpe de coloquinte, etc. ; mais nous en avons déjà trop dit sur cet article : observons seulement que les moyens efficaces contre la canitie ont de grands inconvéniens ; que les moyens doux produisent peu d'effet, et qu'il faut répéter souvent les applications.

De la plique.

Rien n'est plus difficile que de bien définir la plique : si l'on veut s'en tenir rigoureusement aux données qui résultent de l'étymologie, on devra entendre par ce mot une agglomération, un entortillement de cheveux, qui, collés ensemble, et la plupart du temps mêlés en tous sens d'une manière inextricable, présentent l'aspect d'une masse foulée qu'on ne peut ni peigner, ni démêler, et qui est imbibée, sur tous les points, d'une humeur grasse, onctueuse ou visqueuse, exhalant une odeur particulière plus ou moins désagréable.

Voilà quelle est l'idée qu'on paraît s'être formée de la plique dans l'origine : ce qui le prouve de la manière la moins équivoque, c'est que les îles flottantes, si communes dans les lacs dont la Pologne est couverte presque partout, ont reçu des habitans le nom de pliques de lacs, parce qu'elles sont produites par un entrelacement de racines et d'herbes qui ressemble à la plique des cheveux.

C'est dans la circonscription de l'ancienne Pologne qu'on observe le plus de pliques, comme ce sont aussi les innombrables branches de la nation slave ou esclavonne qui en offrent le plus d'exemples.

La plique reconnaît pour cause tout ce qui peut augmenter l'énergie des propriétés vitales dans les bulbes des poils, comme l'usage de raser souvent une partie de ces derniers, la diminution générale ou locale de l'exhalation cutanée, et l'établissement d'un foyer continuel de chaleur sur les parties velues, pendant que les autres demeurent exposées à l'impression du froid. La plique critique, qui n'est au fond qu'un moindre degré de la précédente, doit être attribuée à la tendance naturelle qu'ont les crises à s'opérer par le système pileux chez les individus qui ont ce système plus exalté, tant par l'influence même du climat que par le concours d'une multitude de circonstances hygiéniques.

Cette maladie des cheveux étant rare en France, je me borne à n'en parler que très succinctement; je passe à un autre chapitre.

CONSIDÉRATIONS

SUR LA BEAUTÉ

ET SUR CE QUI LA CONSTITUE CHEZ LES DIFFÉRENS PEUPLES.

La beauté est, en général, ce qui plaît à la vue, par le coloris, les belles proportions, et l'harmonie qui existe dans l'ensemble d'un objet : c'est l'Apollon du Belvédère ; c'est la Vénus de Médicis.

La beauté, chez les femmes, a bien des droits sur les hommes ; souvent elle amollit les cœurs les plus durs, anime le faible, triomphe du fort, et corrige le sot : elle l'emporte sur l'éloquence par la persuasion ; sur le moral par le sentiment ; enfin, elle offre la divinité bienfaisante, lorsque ses démarches sont guidées par la raison.

De la Beauté en général.

Dans la beauté, tout paraît arbitraire, et peu de personnes ont des idées justes sur les caractères auxquels on reconnaît un bel homme ou une belle femme. Les uns s'attachent préférablement à une peau blanche, tandis qu'une peau brune plaît aux autres. Celui-ci trouve des charmes dans la chevelure blonde, que l'autre ne voit que dans les cheveux noirs. Les nègres, au contraire, méprisent la blancheur de la peau; et quand ils veulent peindre les diables, ils leur donnent la couleur que nous donnons aux anges : d'où vient donc cette variété dans une chose qui touche le cœur et l'esprit? Pourquoi les yeux bleus et les yeux noirs partagent-ils nos suffrages? Pourquoi quelques uns cherchent-ils une grande taille fine et déliée, et quelques autres ont-ils du goût pour le contraire? L'air grave et majestueux, un grand front, un grand nez, la bouche médiocrement ouverte, les lèvres bien rebordées, forment une beauté romaine; et l'on fait consister la beauté grecque dans la délicatesse des traits, avec le même assemblage.

Bien des gens ont cru que la beauté n'était qu'un effet de l'imagination, et que ce qui nous paraissait une réalité n'était qu'une illusion. D'autres ont prétendu qu'elle dépendait d'un certain arrangement de parties qu'on ne peut déterminer. Si la beauté n'était qu'un fantôme, elle pourrait séduire nos sens, mais non captiver notre cœur. Notre âme se rend difficilement aux fictions; et lorsqu'elle s'y prête pour quelque temps, la réflexion, qui vient, la fait sortir de son erreur. Quand nous admirons quelque beau tableau, l'élégance et la force des traits des différens personnages qui le composent nous enchantent aussitôt; l'admiration et le plaisir même sont nos premiers mouvemens; mais devenons-nous fort sensibles par ces beautés muettes?

Il paraît que les différens auteurs qui ont traité de la beauté l'ont confondue avec la sympathie, et qu'ils ont pensé qu'elle devait son empire non pas à la force de ses charmes, mais à la facilité que nous avons d'être charmés : c'est la méconnaître que d'en parler ainsi. Le beau est fondé sur la nature, et la sympathie part de la fantaisie.

Quelques auteurs font consister le beau dans le rapport d'un objet avec les sentimens agréables qu'il excite en nous; c'est définir les effets de la beauté, et non expliquer sa nature; c'est juger du beau par ce que nous sentons, et non pas sentir ce qui est beau. Le père André a donné un *Essai sur le beau*, qui est un de ceux qui ont le plus contribué à éclaircir cette matière : c'est un ouvrage plein d'éloquence et d'esprit ; il l'a divisé en quatre chapitres. Dans le premier, il traite du beau visible ; dans le second, du beau dans les mœurs ; dans le troisième, du beau dans les ouvrages d'esprit ; et dans le quatrième, du beau musical. Il fait consister le beau essentiel dans la régularité, l'ordre, la proportion et la symétrie en général. Le beau naturel réside dans ces mêmes propriétés que nous présentent les êtres de la nature, les animaux, les végétaux, et le système de l'univers. Le beau artificiel dépend, selon notre auteur, de la proportion et de la symétrie observées dans les productions des hommes. Le beau d'imitation a été traité avec toute la précision possible par l'abbé Batteux, dans son *Traité des Beaux-Arts réduits à un même principe*; cet ouvrage peut être appelé à juste titre la source du vrai et le temple du goût. L'auteur de l'article *Beau*, dans le second volume du *Dictionnaire encyclopédique*, dit que le beau hors de nous est tout ce qui contient en soi de quoi réveiller dans notre entendement l'idée de rapports (1), et que le beau, par rapport à

_____

(1) Cette définition ne me paraît pas tout-à-fait

nous, est tout ce qui réveille cette idée. Par ce moyen, on suppose que ces notions d'ordre, de rapports, d'arrangement, de symétrie, de convenance, de disconvenance, ont passé par nos sens pour arriver dans notre entendement; il est constant que ces idées ne sont fondées que sur l'harmonie qui règne dans l'univers, et que la beauté des hommes n'est qu'un reflet de celle que le Créateur a répandue partout. L'ordre, l'arrangement, les proportions, la symétrie, accompagnent tous ses ouvrages : c'est ce qu'on appelle la belle nature : plus on connaît ces propriétés naturelles, mieux on en sait faire l'application, et plus on a de goût pour juger du beau. Quand on ne consulte pas le tableau de la nature, que l'on ne suit pas son dessein, on s'égare, et l'on devient de très mauvais goût.

Il est donc des principes réels, des lois constantes dans la beauté, qui enlèvent les suffrages de tous les hommes; mais il est aussi en ce genre des idées qui ne doivent leur être qu'à nos caprices : c'est pourquoi nous diviserons la beauté en *beauté imaginaire* et en

---

exacte ; il me semble que le beau, comme le difforme, donne des idées de rapports plus ou moins parfaits.

beauté réelle; l'une qui est conforme à notre penchant naturel, l'autre qui est invariable; celle-ci qui imite toujours la belle nature, celle-là qui est l'effet d'un art qui souvent s'en éloigne.

Comme la plupart des auteurs qui ont traité du beau n'en ont rien dit que de général, j'ai cru que je devais faire voir en quoi consiste la beauté relative à l'espèce humaine; c'est ce qui m'a engagé à m'étendre un peu plus sur cette matière.

De la beauté imaginaire.

Si la nature et le bon goût guidaient tous nos sentimens, la beauté n'aurait rien de commun avec l'imagination; on suivrait son penchant sans écouter son caprice, et ce que l'on trouverait beau le serait en effet; mais tous les hommes n'ont pas cette faculté de sentir le bon, le mauvais et le médiocre, et savoir en faire la distinction. Nous jugeons selon nos affections et les lumières de notre esprit, qui ne sont pas les mêmes dans les différens individus, et qui sont souvent très limitées. Cette diversité dans les sentimens, et par conséquent dans le goût, est l'origine de la beauté imaginaire. Telle est, par exemple, l'idée de certains peuples qui, par l'application de sucs de différentes plantes, se cicatrisent le visage pour paraître mâles et guerriers. Ces *sauvages* se donnent un air héroïque au prix de leur sang, et regardent comme une beauté ce qui est une preuve de férocité.

Les *Chinois*, ces peuples si sages et si policés, sont-ils moins ridicules sur cet article que les peuples les plus sauvages? Dans ce pays, en naissant, on torture les femmes pour forcer la nature à leur rendre les pieds petits et contrefaits, ce qui est cause qu'ils leur refusent les services qu'ils pourraient en attendre. La jeune Française insulte à la Chinoise; et tandis qu'elle rit de sa simplicité, les douleurs qu'elle sent elle-même la contraignent à lui pardonner une difformité qu'elle n'a pas voulu. Désirant de plaire dès l'enfance, elle s'est accoutumée à une chaussure trop étroite; ses pieds n'ont pu recevoir la nourriture nécessaire; ils ne peuvent plus concourir qu'avec peine au soutien de son corps. Les chairs, pressées trop vivement par les os, sont devenues calleuses; il s'est élevé des cors, qui sont autant d'ennemis qui lui font éprouver la torture pendant toute sa vie.

Si on est ridicule de faire consister la beauté dans les pieds petits, on ne l'est pas moins de la faire dépendre d'une taille fine : cependant, avec quelle patience nos jeunes dames se font-elles serrer! ne les voit-on pas s'emboîter la taille dans des corsets, s'exposer à des maux d'estomac et à des étouffemens continuels?

Si les Françaises n'étaient pas accoutumées à ces idées de beautés chimériques, en voyant une femme avec un corset, elles s'imagineraient qu'elle serait contrefaite ; ou plutôt, si on avait inventé de condamner un criminel à être enfermé, à force de lacets, dans une prison de baleine de cette espèce, on regarderait cette punition comme un vrai supplice.

Avec quel art ne cherche-t-on pas, dès l'enfance, à nous aplatir les *oreilles*, et à leur faire prendre une forme plus petite! La nature, cependant, nous avait donné cet organe pour que nous reçussions, par les échos répétés, des sons dont la faiblesse nous aurait échappé. On craignait apparemment que les longues oreilles ne servissent à nous humilier; on a mieux aimé les avoir un peu moins fines, et passer pour avoir l'esprit plus délicat; c'est ce qui a donné lieu à cette espèce de beauté idéale. Nous imitons en cela les nourrices *éthiopiennes*, qui aplatissent les oreilles de leurs nourrissons avec des bandelettes dont elles serrent leurs têtes, comme s'il était défectueux de porter ce que la nature nous a donné pour nous rendre plus parfaits! Les *Indiens* de l'Amérique méridionale tombent dans un excès tout opposé : ces peuples se percent le lobe de l'oreille, et y mettent des morceaux de bois ou de métal, qu'ils augmentent de grosseur successivement; ce qui fait, au bout de quelque temps, un trou énorme, et leur rend l'oreille d'une grandeur prodigieuse.

Ce n'est pas seulement sur de petits organes inutiles à la vie que nous portons l'effet de notre mauvais goût; nous n'épargnons pas même notre tête, qui renferme le trésor le plus précieux de notre machine. Hippocrate parle de certains peuples qui s'étaient rendu la tête fort longue, et qui prétendaient, par ce moyen, l'avoir plus belle et mieux faite. Il paraît qu'ils regardaient comme beauté ce qui était une preuve de force d'esprit; et si la nature ne les avait pas mieux pourvus que les autres, ils paraissaient du moins l'être. Personne n'ignore que le corps d'un nouveau-né ne soit comme de la cire molle que l'on pétrit à son gré. Ces peuples figuraient comme ils voulaient la tête de leurs enfans naissans, et la serraient ensuite avec des bandelettes qui faisaient porter la nourriture en longueur plutôt qu'en largeur; les pariétaux insensiblement s'allongeaient et leur faisaient la tête longue : ce qui étoit un effet de l'art devint ensuite une production de la nature; car les enfans naissaient presque tous avec cette conformation naturelle.

Les habitans des Alpes, qui ont la gorge extrêmement gonflée (1), et qui portent une espèce de goître endémique, font parade de cette difformité, comme si l'on devait juger de la beauté par la quantité de chair que la nature nous a donnée.

Quelle variété ne remarque-t-on pas dans

---

(1) Plusieurs physiciens ont fait tous leurs efforts pour expliquer ce phénomène particulier à ces peuples. Les uns ont accusé la qualité de l'eau qu'ils boivent, celle de l'air qu'ils respirent, l'intempérie du climat qu'ils habitent; les autres ont inventé des causes plus singulières, mais pas plus vraisemblables. Ne pourrait-on pas penser que ces peuples, dans leur origine, ont regardé cet accroissement contre nature comme une marque de beauté, et qu'ils ont eu soin de le perpétuer dans leur postérité?

le goût des hommes au sujet de leur *barbe* et de leurs *cheveux!* Les Turcs portent une longue barbe, et se font couper les cheveux. La plupart des *Européens* conservent leur chevelure, et ne laissent pas croître leur barbe. Les *nègres* se font raser la tête en y dessinant des figures, ou en y traçant des bandes alternatives de plein et de rasé. Les Talapoins de Siam font raser la tête et les *sourcils* à leurs enfans. Ne voit-on pas quelques jeunes gens porter de la barbe sur la lèvre supérieure, dans l'intention de se donner un air d'intrépidité?

Les femmes, toujours attentives à cacher leurs défauts naturels, ont souvent été la cause des bizarreries les plus singulières. Les unes colorent leur *visage*, et veulent faire renaître les roses que le temps a flétries, ou relever la pâleur de leur *teint*, qui les rend désagréables. D'autres, non contentes de leur blancheur naturelle, veulent, par le moyen d'un mastic, surpasser celle de toutes les autres femmes. Ces modes ridicules sont devenues d'un usage si commun parmi nous, que les jeunes dames les plus aimables ne croiraient pas l'être aux yeux des hommes, si elles laissaient apercevoir leurs traits naturels.

Elles devraient s'en tenir au pinceau de la nature, et n'employer d'autre fard que celui de la pudeur. Le noir, le blanc et le rouge, répandus sur le même tableau, le font paraître avec plus d'avantages; mais l'art le plus parfait rend-il les belles expressions de la nature? C'est sans doute pour la même raison que l'on a introduit l'usage de faire *poudrer* les cheveux, afin de faire ressortir les couleurs du visage, et en accompagner plus avantageusement les traits; au lieu qu'autrefois on faisait consister une belle chevelure dans de grands cheveux naturels, sur lesquels on se contentait de verser quelque parfum qui les rendait gras et luisans.

Nous ne pensons pas à présent sur la beauté comme les anciens. Ils regardaient les petits *fronts*, les *sourcils* joints ensemble, comme des agrémens dans le visage; aujourd'hui on aime un sourcil séparé et bien arqué. Rien n'est plus beau parmi nous que des *dents* blanches et d'un bel émail. Il y a des pays dans les Indes où l'on aime les dents noires et les cheveux blancs : les femmes ont grand soin de se frotter les dents avec des herbes pour les rendres noires, et de se blanchir les cheveux avec des eaux destinées à cet usage.

Peut-on rien voir qui dénote plus la bizarrerie de l'imagination que tous ces exemples? Il en est cependant encore de plus ridicules. Les *Chinois* se font honneur d'avoir de grands *ongles* crochus, ce que nous regardons ici comme le comble de la malpropreté.

Tels sont les effets de l'imagination : c'est un feu qui nous anime, nous flatte, nous séduit, souvent même aux dépens de notre amour-propre. C'est à elle à créer, mais c'est à la raison à juger. Souvent elle s'abandonne à des écarts qui la dégradent en dégradant la nature, et qui font plus d'horreur que de plaisir : il faut que tout ce qu'elle crée porte l'empreinte d'un modèle ; qu'elle ne fasse reparaître que la nature, et le beau et le vrai fuiront devant elle.

De la Beauté réelle.

Dans les ouvrages de l'art, ainsi que dans ceux de la nature, il est une beauté ; mais serait-ce un Protée que l'on ne saurait lier? Ne peut-on la reconnaître qu'avec des yeux prévenus, ou faut-il, pour la trouver, des yeux de philosophe? Les beautés sont-elles trop rares? Non, la nature n'a point encore épuisé ses modèles. C'est donc à nous qu'il faut s'en prendre; c'est la diversité de notre goût qu'il faut accuser. De quoi donc dépend ce précieux avantage? Est-ce d'une grande *taille*, ou d'une taille fine et déliée? Faut-il la chercher dans de grands *yeux*, dans une petite *bouche*? Consiste-t-elle dans de grands *traits*, ou dans des traits délicats? Il serait injurieux à la nature, libérale dans tous ses dons, de croire qu'elle ait borné son travail à quelqu'un de ces objets en particulier. Elle sait, quand il lui plaît, cacher la beauté dans de grands traits, et bientôt après elle la fait reparaître sous des traits fins et délicats. Elle sait varier nos plaisirs en suivant des règles invariables. C'est dans l'arrangement symétrique des parties, et dans la proportion exacte qu'elles ont entre elles, qu'elle fait résider son secret. Par la symétrie elle partage son objet sans le séparer; elle met au milieu les parties isolées, et sur les côtés celles qui sont répétées; elle contrebalance les ornemens, les distribue avec justesse, et donne à son ouvrage de l'ordre, de la noblesse et de la grâce. Avec la proportion elle fait plus; elle descend dans le détail des parties; elle en fait la comparaison avec le tout, fait voir le rapport qu'elles ont entre elles, et fait naître un assemblage harmonieux et agréable à la vue.

C'est principalement aux grands statuaires que nous sommes redevables de la connaissance des proportions exactes que l'on trouve dans le corps humain. Ces grands maîtres de l'art ont copié la nature, non pas comme elle se présente le plus souvent, mais comme elle doit être. Les hommes les mieux faits ne possèdent pas toutes les dimensions proportionnelles que l'on pourrait désirer, et il arrive souvent que le *bras* ou la *jambe* du côté droit n'a pas la même exactitude dans les proportions que le bras ou la jambe du côté gauche. Je ne rapporterai point ici les divisions et les mesures pittoresques du corps humain, parce que je crois ce détail peu utile au fond de l'objet que je traite.

C'est donc la proportion réunie à la symétrie qui forme le beau ; ainsi des *membres* trop longs, un *corps* trop court, un *visage* trop petit, des *traits* trop grands, des défectuosités, des superfluités, sont autant d'imperfections. On voit des personnes qui ont tous les genres de beauté pris en particulier, mais qui, réunis, les rendent cependant désagréables. Telles sont, par exemple, les personnes qui, avec de grands *yeux*, un *front* très ouvert, un *nez* bien fait, des *joues* pleines, ont pourtant le malheur de déplaire. La nature, en les comblant de ses dons, s'est réservé le plus précieux, la proportion. Elle leur a donné tout ce qu'il fallait pour construire un bel édifice; mais elle n'a pas voulu y mettre la dernière main. D'autres, au contraire, n'ont rien de remarquable et qui flatte dans les détails; néanmoins, leurs traits réunis forment un tout qui plaît et enchante.

Les peintres, pour représenter la nature, marchent le compas à la main, et nous, pour la reconnaître, nous prenons notre goût pour guide. Considérons leurs tableaux; leurs personnages sont frappés au coin de la beauté; toutes les figures, cependant, en sont différentes, et si elles ont quelque ressemblance entre elles, c'est par la proportion qui y règne. Aussi, quand un peintre a fait un bras trop long, une jambe trop petite, ce défaut de correction ôte toute l'élégance du dessin, quelque grâce qui y soit répandue d'ailleurs. La proportion est donc le premier mobile de la beauté; c'est elle aussi qui la développe, en n'accordant à chaque trait que ce qu'il faut pour plaire. Mais si notre corps doit son élégance et son principal éclat aux justes mesures qui se trouvent dans les différentes parties qui le composent, la symétrie ne doit pas peu contribuer à lui donner de la grâce et de l'expression. C'est cette agréable répétition qui nous flatte, nous séduit, et qui, sans varier les objets, varie les sujets de notre admiration. Elle accompagne les parties uniques, leur sert de soutien, d'enchaînement, répand partout l'harmonie, et conspire à charmer tous nos sens.

C'est suivant cette règle de la belle nature que les grands architectes ont élevé les plus superbes édifices : tout y est symétrisé; les colonnes y sont répétées, les chapiteaux, les entablemens, les pilastres, les balustrades. Chaque partie répond à sa semblable, et le morceau le plus parfait, s'il n'est point assemblé avec art, devient une imperfection. La symétrie est donc une loi que suit la nature dans ses plus beaux ouvrages; elle offre un double tableau à nos yeux, et peint sous des couleurs plus vives les objets qu'elle nous représente.

Puisque la beauté réside dans la proportion et dans la symétrie, elle est donc répandue partout. Plus on a de goût, plus on a réfléchi sur les merveilleuses productions de la nature, et mieux l'on peut réussir à faire l'application des règles que nous avons prescrites. La proportion, la symétrie sont des trésors que la nature a versés dans tous les climats, qui sont de tous les âges et de toutes les conditions. Il ne faut donc pas nous figurer que tous les peuples qui sont éloignés de nous soient privés de l'avantage de connaître et de posséder la beauté. Les voyageurs assurent qu'il y a peu de pays où ils n'aient vu de beaux hommes. Les uns sont plus féconds en beautés que les autres; mais tous sont en état de fournir des modèles. Il y a parmi les nègres des femmes extrêmement belles, qui le disputeraient aux Géorgiennes si elles avaient la peau blanche.

Quoiqu'avec la proportion et la symétrie on puisse former un beau corps, on ne peut pas le rendre agréable s'il n'est couvert d'une belle *peau* : c'est une toile qu'a formée la nature pour y fondre toutes les variétés du plus beau coloris. Tantôt elle y fait éclore les lis et les roses, tantôt on n'y voit que la sombre violette, ou le fruit noir du myrtille. C'est avec la peau qu'elle unit nos chairs, qu'elle en cache les défauts par mille plis et replis, et qu'elle donne à nos traits ce luisant, ce poli qui charme les yeux. Elle y représente selon son gré toutes sortes de nuances. Il semble qu'elle ait pris autant de plaisir à varier la couleur de la peau des hommes qu'à diversifier leurs traits.

Je n'entreprendrai pas de décider de la beauté de la peau; cette question m'éloignerait trop du but que je me suis proposé. Je ne ferai seulement que quelques légères observations à ce sujet.

En considérant la peau des nègres, et en la comparant avec celle des Européens, au rapport des anatomistes, elle n'en a pas le poli ni la finesse, et le sentiment en est beaucoup plus émoussé que le nôtre. Nous sommes redevables à l'illustre Malpighi de nous avoir démontré que le vrai siége de la noirceur des nègres est le tissu cellulaire, qui, comme l'on sait, est entre la peau et l'épiderme, et accompagne presque toutes les parties de notre corps. Ce tissu, chez les noirs, est plus dense, plus compacte; la surpeau est plus épaisse; les houppes nerveuses sont moins fines, moins délicates, plus éloignées de l'épiderme; ce qui doit nécessairement diminuer le sentiment.

Consultons la nature; notre visage n'est

qu'un tableau dont la beauté et l'éclat dépendent en partie de l'assortiment des couleurs. Il est certain que le noir est moins favorable que le blanc pour faire valoir le coloris du visage, le vermeil des lèvres, le rouge tendre des joues; le noir des sourcils et celui des yeux se représentent beaucoup mieux sur un fond blanc, et les couleurs tranchent avec plus d'avantage. Je ne prétends pas cependant déprimer le mérite de la peau noire : un œil bien blanc, des dents d'un bel émail, se croisent à merveille avec une peau noire; mais quelque belle que soit la peau des nègres, elle est grasse, et elle ne paraît pas avoir les avantages de celle de Européens.

De la Beauté en particulier.

Quoique la proportion et la symétrie soient les deux principaux soutiens de la beauté, elle a cependant des caractères particuliers dans l'un et l'autre sexe. Quand un homme est bien fait, il doit être carré, avoir les muscles présentés avec force, les membres vigoureusement exprimés, et tous les traits bien marqués. Dans la femme, on cherche le gracieux, la finesse, un visage plus arrondi, des traits plus adoucis. Dans l'un, on admire la force et la noblesse; les grâces, la délicatesse, l'élégance des traits font l'apanage de l'autre.

Le visage est de toutes les parties du corps celle qui prévient le plus en notre faveur, ou qui dépose le plus contre nous : c'est un tableau mouvant où notre âme se peint à chaque instant; tout y est feu, action, passion; tous ses mouvemens sont autant de pensées. Les parties les plus muettes deviennent parlantes, et toutes contribuent à manifester le trouble ou le calme qui se succèdent dans notre âme.

Nos *yeux* sont principalement l'image de nos mouvemens les plus pathétiques. Ils nous servent de guides dans nos actions, et éclairent les autres dans leurs jugemens.

Les personnes qui ont la vue courte sont privées de bien des avantages, ainsi que celles qui sont louches; ce sont des défauts dans la physionomie, à travers lesquels l'âme ne peut percer, qui masquent toutes ses pensées, et rendent les plus beaux visages désagréables : aussi juge-t-on d'abord défavorablement de ces sortes de personnes, quelque esprit, quelque mérite qu'elles puissent avoir.

Les yeux ne plaisent que par leur expression, qui est plus ou moins lente, selon leur qualité, leur couleur. Les couleurs principales des yeux sont celles qui tirent sur l'orange foncé, le jaune, le vert, le bleu, le gris et le gris-blanc. Les yeux noirs, en les regardant à contre-jour, ne sont que d'un jaune-brun ou d'orange foncé : comme la conjonctive est fort blanche, elle fait ressortir la couleur de l'iris et la rend plus brillante. Les yeux qui passent pour *noirs* sont par conséquent les plus beaux, ainsi que les yeux *bleus*, par rapport à la diversité de l'opposition de leur couleur avec la blancheur de la conjonctive. Les yeux noirs ont plus de force, de vivacité, d'expression; les bleus ont plus de douceur.

Les parties qui accompagnent les yeux sont les *sourcils*. C'est une espèce de retranchement qu'a fait la nature pour écarter des yeux les corps étrangers et nuisibles, pour en détourner la sueur qui pourrait couler du front, et pour briser la lumière quand elle est trop vive. Les plus beaux sourcils sont noirs, forment bien l'arcade, et sont bien garnis : les *paupières* doivent être également fournies de grands *cils* noirs ; le regard en est beaucoup plus doux.

Le *front* est la partie de la tête la plus élevée, la plus étendue, et une de celles qui contribuent le plus à la beauté du visage ; elle est comme le couronnement du reste de la face, à laquelle elle donne plus ou moins de noblesse et d'agrémens, selon ses différentes proportions. Le front ne doit être ni trop plat ni trop rond, ni trop étroit ni trop large; il faut que les *cheveux* en accompagnent bien le dessus et les côtés. C'est donc un défaut pour le visage d'être chauve, et d'avoir trop de front, comme il est également désagréable de n'en avoir pas assez. Rien ne fait mieux au visage que les cheveux quand ils sont bien placés. Ils le rendent riant, agréable et serein; au lieu que quand ils ne descendent pas assez bas sur le front, ou qu'ils croissent immédiatement au-dessus des yeux, comme on le voit quelquefois, ils produisent des difformités, ou ils cachent la moitié des grâces naturelles, et altèrent la vérité de la physionomie. La couleur des cheveux donne aussi plus ou moins d'éclat et d'expression. Les cheveux *noirs* sont les plus estimés; on donne ensuite la préférence aux *blonds* et aux *châtains*.

Le *nez* est la partie la moins parlante du visage; elle n'agit que dans les mouvemens les plus vifs de nos passions; toute sa beauté consiste dans sa proportion exacte. Il faut que les *narines* soient médiocrement ouvertes, et qu'elles ne forment pas ce qu'on appelle un *nez retroussé*. Un gros nez est difforme, ainsi qu'un trop grand. Le nez aquilin, que l'on regarde comme le plus beau parmi nous, est un nez de fantaisie, puisqu'il n'a cette forme que par un accroissement trop grand des cartilages.

Après les yeux, la *bouche* est la partie du visage qui a le plus d'expression, et souvent même elle a la préférence : elle produit des sons articulés qui sont les liens de la société, des sons mélodieux qui charment les oreilles; et ces avantages nous mettent au-dessus de tous les êtres vivans. La beauté de cet organe dépend d'abord de sa proportion, de la couleur des lèvres, de la blancheur des dents et du gracieux qui s'y trouve. Ainsi une bouche trop grande est autant éloignée de la belle nature qu'une trop petite. Cette partie du visage sur laquelle se peignent nos passions est un tableau plus ou moins expressif. Dans les mouvemens de joie où l'on veut rire, si la bouche est trop grande, elle devient désagréable; si elle est trop petite, elle ne peut s'ouvrir assez pour laisser apercevoir la blancheur des dents et le vermeil des lèvres. En outre, quand la proportion n'est point observée, l'œil ne trouve plus l'agrément que peut produire une figure régulière et bien assemblée : c'est donc une difformité de l'un et de l'autre côté.

Les *lèvres*, qui sont les principaux instrumens de la parole, embellissent beaucoup le visage : elles doivent être bien proportionnées ; celles qui sont pendantes sont difformes. Quand elles sont trop minces, elles n'ont pas de grâce. Le vermeil, qui fait la couleur que l'on cherche en elles, relève l'éclat de la blancheur de la peau et de l'émail des dents.

Les *joues* sont des parties du visage qui n'ont presque point d'expression ; cependant la pâleur ou la rougeur qui s'y peignent les rendent plus ou moins agréables à la vue. Celles qui sont pâles sont trop uniformes : un rouge tendre les réveille et ranime les yeux. Les joues sont belles quand elles ne sont ni trop maigres ni trop pleines ; qu'elles arrondissent bien le visage, et qu'elles n'ôtent pas les agrémens des yeux et de la bouche.

Le *menton*, les *tempes*, les *oreilles* servent à l'union des traits et au contour de la face. Le menton ne doit être ni trop long ni trop court. Les tempes sont difformes quand elles sont trop élevées ou trop plates. Les oreilles doivent avoir une grandeur proportionnée; celles qui sont bien rebordées, et dont le cartilage est fin, sont les plus estimées. Au reste, ces parties contribuent peu à la beauté de la physionomie.

Le *cou* est le pivot de la tête, son soutien, et la réunit à la poitrine. Le cou est une partie uniforme et sans expression. Il doit être d'une longueur médiocre, ni trop gros, ni trop décharné; un cou long sépare trop la tête du reste du corps, et la rend trop isolée; un cou court la rapproche trop des épaules, gêne sa liberté, et cache une partie des grâces de la poitrine.

La *poitrine* est la partie du corps de l'homme la plus large : dans la femme, c'est, après la tête, celle qui contribue le plus à la beauté. La poitrine d'un bel homme est carrée; dans les femmes, elle est plus étroite; le sternum est plus comprimé, les clavicules sont plus droites et plus aplaties. Il faut cependant que les chairs et les muscles qui la recouvrent soient bien remplis et ne forment aucun vide; autrement elle paraîtrait décharnée. La table de la poitrine doit être bien faite. Il faut que les demi-cercles qui forment les côtes soient recouverts de chairs; que ces parties ne soient pas émaciées; que la pente en soit douce. Les *mamelles*, chez les hommes, ne sont d'aucune utilité; chez les femmes, elles font le plus bel ornement de leur poitrine; elles ne doivent être placées ni trop haut ni trop bas; il convient qu'il y ait autant d'espace entre les deux mamelons, qu'il y en a depuis l'un des mamelons jusqu'à la fossette de la clavicule.

Le *ventre*, sur lequel se trouve le nombril, est plus plat dans les hommes, surtout lorsqu'ils n'ont pas pris toute leur croissance. Le ventre des femmes est plus gros, plus rond, parce qu'il renferme les parties de la génération : c'est ce qui peut le plus déformer ou embellir leur taille.

Le *dos* est à peu près le même dans l'homme que dans la femme, excepté qu'il est plus large. Les omoplates les moins apparentes sont les plus belles ; si elles sont saillantes, elles causent de grandes difformités. Il faut que le dos soit garni de muscles, ainsi que les reins : la partie inférieure du dos ne doit pas trop se jeter en arrière.

Les *bras*, qui sont si bien symétrisés, et qui servent à nos usages les plus fréquens, exécutent les ordres de notre volonté, écartent les obstacles qui pourraient nous nuire, contribuent à nos plaisirs et à la beauté de notre corps; les muscles sont leur principal ornement; ce sont eux qui leur donnent de la force et de la noblesse, de la grâce ou de la délicatesse. L'homme a les bras plus saillans, mieux prononcés; la femme les a mieux tournés et plus adoucis. Dans l'un, l'avant-bras est plus large; dans l'autre, il est plus arrondi. Les *mains* des femmes sont plus délicates, la peau en est plus douce; les *doigts* sont pointus et les chairs mieux remplies.

Les *jambes* et les *cuisses* doivent être proportionnées au reste du corps. Dans un bel homme, les cuisses sont musculeuses; leur forme s'amincit jusqu'aux genoux. Les jambes, qui sont le principal soutien de notre machine, et qui servent à nous aider dans presque tous nos besoins corporels, forment une espèce de ventre que l'on appelle le *mollet*, qui est plus ou moins gras. Une grosse jambe est une difformité; une fluette n'est pas plus belle. On fait cas dans une femme d'une jambe mince par le bas, dont le mollet va en augmentant de grosseur insensiblement jusqu'au genou; c'est un défaut dans les proportions de la jambe. Il faut que le gras de la jambe soit médiocrement formé; que les muscles s'amincissent tout d'un coup; qu'ils forment une différence de grosseur considérable; en un mot, qu'il y ait des mesures exactes entre les muscles et leurs tendons.

Pour ce qui concerne le *pied*, comme il est renfermé dans la chaussure, et qu'il souffre des frottemens continuels, il n'est pas susceptible des agrémens de la main; il suffit qu'il ne soit ni trop grand ni trop petit, ni trop étroit ni trop large.

Telles sont toutes les proportions d'un beau corps; telles sont les règles de la belle nature, qui ne sont fondées que sur les modèles les plus achevés, où elle a pris plaisir à tracer les vrais caractères de la beauté du corps. Les zones tempérées paraissent les climats heureux où elle a déployé tous ses chefs-d'œuvre avec le plus de magnificence. Les habitans des provinces septentrionales du Mogol, de la Perse, les Arméniens, les Turcs, les Grecs sont bien partagés du côté des agrémens du corps. Les Circassiens, les Cachemiriens sont très renommés pour la beauté. La Géorgie est aussi très fertile en beaux hommes. Malgré le grand éloignement des contrées habitées par ces peuples, il y a beaucoup d'analogie entre le sang français et le leur.

Quoique la beauté soit constante dans ses principes, elle est cependant variable dans son caractère. La proportion ne se présente pas sous la même forme dans tous les beaux corps. Le nez des *nègres* est écrasé, leurs lèvres sont grosses, leurs cheveux sont crépus, et leur tête est plus aplatie. Les Orientaux, et surtout les *Turcs*, ont le nez long, les yeux bien fendus, la bouche grande, la tête longue, et les traits allongés. Il semble qu'ils tiennent en partie des anciens *Grecs*; c'est le même caractère de beauté, comme on peut le voir par les figures antiques. Les *Italiens* diffèrent des Grecs par de grands yeux, un gros nez, de grands traits; ils ne paraissent pas avoir dégénéré de la beauté des anciens Romains, dont les sculptures portent la même empreinte. Parmi les *Français*, les yeux sont plus ronds, les traits plus raccourcis, le nez plus court, le visage plus arrondi. Chaque nation possède la beauté sous une forme différente, quoiqu'avec les mêmes attributs : c'est pourquoi les peintres jugent souvent, sur la physionomie, si un homme est étranger. Il y a même des personnes qui ont assez d'habitude en cette partie, pour discerner, d'un coup d'œil, un Anglais ou un Italien d'avec un Français.

La beauté, même à l'œil, sait-elle toujours plaire?
Vous croyez que le temps la détruit ou l'altère?
L'habitude, voilà son plus triste ennemi.
A qui nous voit toujours on ne plaît qu'à demi.
Mais aux talens, aux arts, qui peut être infidèle?
Quelle femme, avec eux, n'est toujours jeune et belle?

RÉFLEXIONS

SUR TOUT CE QUI DOIT COMPOSER LA TOILETTE DES DAMES.

Il faut un cabinet de toilette orné de plus ou moins de glaces, et suffisamment grand pour que trois personnes puissent y être à leur aise. Le coiffeur est celui qui a le plus besoin d'avoir de la place, surtout lorsque la personne a les cheveux longs. Il faut que ce cabinet de toilette soit très éclairé, sans faux jour, avec des croisées qui n'aient aucun vis-à-vis, et garni d'une cheminée, soit pour l'échauffer, soit pour toute autre utilité. Il faut choisir ce cabinet dans la partie de la maison qui est le plus à l'abri du froid, afin que, lorsqu'on n'est pas très vêtu, on ne puisse s'enrhumer; ce qui arrive souvent, quoiqu'il y ait du feu à la cheminée. Il ne faut jamais s'exposer aux courans d'air, qui nuisent toujours à la santé.

Il y a des cabinets de toilette plus ou moins élégans. Certaines personnes ont leur cabinet tapissé en drap, afin de prévenir l'humidité;

chez d'autres, il y a beaucoup de glaces et de tapisseries sur toile. Il convient d'avoir un tapis de la grandeur du cabinet; mais une toile cirée, avec des dessins, peut remplacer cet ornement : ceci est absolument une affaire de goût. Il faut principalement avoir une psyché ou une toilette à la reine; si l'on préfère une psyché, il faudra l'accompagner d'une console, où l'on placera tout ce dont on peut avoir besoin, et que je vais indiquer en partie. Si l'on voyage, il faut avoir un nécessaire complet : il y en a qui le sont plus ou moins. En voyage, on laisse les objets tels qu'ils sont placés dans la boîte, tandis que chez soi, on les place sur la console.

Lorsqu'on préfère une toilette à la reine, on n'a pas besoin de console; on place chaque objet à l'endroit qui lui est le plus convenable ou le plus commode.

Une toilette complète se compose de ce qui suit :

Un *peigne* à baguette, un peigne à démêler, un peigne à décrasser et un peigne à queue (tous doivent être en écaille, excepté le fin, qui doit être en buis); une *brosse* spécialement destinée à les nettoyer, principalement celui à décrasser qui en a toujours le plus besoin.

On doit avoir, pour l'entretien et la conservation des cheveux, de la crême d'alibour, et de l'eau athénienne pour les dégraisser lorsqu'ils en ont besoin. Bien des personnes aiment les odeurs, surtout celles qui sont douces; voici le nom de quelques unes, non dangereuses, et que l'on peut se procurer chez tous les parfumeurs : extrait de jacinthe, de rose, de fleurs d'orange, d'héliotrope, de vanille, de bouquet, de Portugal, de Mousseline, de mille-fleurs, etc. Ces cosmétiques dégraissent assez bien les cheveux, en en mettant comme on emploie les pommades, les huiles, etc. Il faut toujours avoir un peigne en écaille, simple, très uni, dont le dos soit rond et le moins élevé possible, afin de ne point gêner la coiffure; il sert pour relever les cheveux; un second peigne dont le dos sera très élevé, est nécessaire pour soutenir le fichu ou le bonnet, lorsqu'on est en matin, et pour soutenir le chapeau lorsqu'il s'enfonce trop sur la tête, ce qui arrive souvent; on peut encore avoir un troisième et joli peigne en argent doré, à dents longues, et s'adaptant à toutes les galeries des parures. Il est indispensable d'avoir au moins trois bonnes brosses à tête : la première formant l'hérisson, bien effilée, et surtout d'une bonne soie, très forte, afin qu'elle puisse pénétrer à la racine des cheveux et déraciner les pellicules; la deuxième sera moins forte et moins effilée, pour faire tomber ces pellicules; enfin la troisième doit être douce, en poil de chèvre, pour servir à brosser le visage, les oreilles, etc., où les pellicules peuvent être tombés.

J'approuve les personnes qui se servent de *poudre* pour dégraisser leurs cheveux; c'est le meilleur moyen dont on puisse faire usage pour cet effet. Au lieu de nuire aux cheveux, comme le croient quelques personnes, la poudre les nourrit, les rend doux et luisans, surtout lorsqu'auparavant on a eu soin de les bien brosser et de les passer au peigne fin. Il ne faut point réitérer cette opération trop souvent, de crainte de former une croûte à la racine des cheveux, qui étoufferait les bulbes par sa plasticité. On peut se servir de ce procédé toutes les fois que l'on s'aperçoit que les cheveux sont trop gras; et l'on doit choisir parmi les poudres celle faite expressément pour cet usage; la plus fraîche est toujours la meilleure; il faut rejeter celle qui est trop vieille et rance.

Une dame doit avoir au moins six brosses à dents, dites anglaises, à une tête et à quatre rangs. Il faut que ces brosses ne soient ni trop dures ni trop douces : trop dures, elles déchausseraient les dents et excorieraient les gencives ; trop douces, elles ne nettoieraient pas suffisamment les dents, et n'enleveraient pas le tartre qui peut s'y être formé.

On doit avoir de la pommade de concrète en bâton, pour lisser les petits cheveux que l'on veut faire remonter, et pour lisser aussi les petites nageoires et les faire plaquer contre la figure. Cette pommade est d'un grand secours aux hommes, pour retenir les cheveux des côtés, et leur donner le pli qui convient à leur figure. Le nom de cette pommade n'est pas très connu, mais la pommade elle-même est très répandue parmi les élégans ; on en trouve chez moi que j'ai préparée avec beaucoup de soin.

Pour donner du velouté à la peau et au teint, on doit employer, soit de la crème de Perse, importée du Levant, soit de la crème de Vénus, de rose, etc. Ces crèmes se trouvent chez tous les parfumeurs, et notamment chez M. Baikar, qui est très assorti pour tout ce qui concerne la toilette des deux sexes. (1)

Je vais parler de deux objets de toilette que beaucoup de dames ne se passent que très difficilement; je veux dire le *rouge* et le *blanc*. Les dames qui se servent de ces fards doivent en faire usage le moins possible, pour ne point courir les risques de se rider avant l'âge.

Ils détruisent l'expression de la physionomie, fanent la fraîcheur du visage, et empêchent les couleurs naturelles de se développer.

L'amour de la beauté a fait imaginer, de temps immémorial, tous les moyens qu'on a cru propres à en augmenter l'éclat, à en perpétuer la durée ou à en rétablir les brèches; et les femmes, chez qui le goût de plaire est très étendu, ont cru trouver ce moyen dans les fards.

Comme dans l'Orient, les yeux noirs, grands et fendus, passaient, ainsi qu'en France aujourd'hui, pour les plus beaux, les

---

(1) M. Barèra, parfumeur distingué, demeure Palais-Royal, n° 88; ce n'est que dans son magasin que l'on trouve le *serki des sultanes*, très efficace pour éclaircir et embellir le teint.

femmes qui avaient envie de plaire se frottaient le tour de l'œil avec une aiguille trempée dans du fard d'antimoine, pour étendre la paupière ou plutôt pour la replier, afin que l'œil en parût plus grand.

De même, les femmes grecques et romaines se peignaient les sourcils avec du noir d'antimoine, ce que font encore aujourd'hui les femmes et les hommes, dans l'Arabie, la Syrie, pour ménager leurs yeux contre l'ardeur du soleil.

Presque tous les peuples de la terre se sont peints avec plus ou moins de goût. Le blanc et le rouge ont fait fortune en France, grâce à un Italien, et à la cour de Catherine de Médicis; mais comme l'a dit La Fontaine :

>   Les fards ne peuvent faire
> Que l'on échappe au temps, cet insigne larron ;
>   Les ruines d'une maison
>   Se peuvent réparer ;
> Non les ruines du visage.

Il n'y a point de doute, quant à la santé, que tous les fards ne soient nuisibles : ils gâtent un peu plus vite la peau, qui s'y accoutume, la dessèchent, en suppriment la transpiration, en bouchant les pores : de là les boutons, les dartres et autres maladies de peau, que causent encore les différens blancs et rouges tirés des minéraux.

Comment les femmes ne sentent-elles pas qu'à un certain âge, il n'y a qu'un moyen de nous dédommager du fard de la jeunesse; c'est de faire preuve de bonté, d'amabilité et de talens.

Le *rouge* est une espèce de préparation cosmétique ou de fard, que les femmes du meilleur et du plus mauvais ton mettent également sur leurs joues, soit par besoin, soit par mode.

> Cette artificieuse couleur
> Remplace souvent celle
> Que jadis causait la pudeur.

Il paraît que de tous les temps et en tout pays, les femmes ont aimé à remplacer par l'art ces brillantes couleurs naturelles, qui attestent la jeunesse et la fraîcheur.

Le rouge des mains se faisait avec un résidu de la pourpre, espèce de coquillage très en vogue pour sa belle couleur, et qui a laissé son nom; ou bien avec des teintures de bois coloriées.

On prétend que l'usage du rouge a passé en

France avec des Italiens, sous le règne de Marie de Médicis. On employait d'abord le rouge d'Espagne, fait avec le safran bâtard; ensuite on a fait le rouge avec le vermillon; enfin on a employé le rouge de carmin, mêlé avec le talc de Venise ou la craie de Briançon, en poudre impalpable. Ce dernier n'est pas insalubre, comme celui qui le précède, qui occasionne la perte des dents, donne mauvaise haleine et fait gonfler les gencives. En général, le rouge est nuisible, s'oppose à la transpiration, et produit souvent des érysipèles, des dartres, surtout quand on prend la mauvaise habitude de se rougir toute la face, au lieu de chercher seulement à remplacer d'une manière imperceptible les couleurs vermeilles que refuse la nature.

Du blanc. C'est un oxide de bismuth, séparé du nitrate de ce métal par l'eau pure; ce qui donne un blanc perlé. Les femmes, pour se raviver la peau et se donner une couleur d'emprunt, un air de jeunesse, se plâtrent avec cette sorte de blanc; mais elles ignorent qu'elles en obtiendront un effet tout opposé à leurs désirs; que leur peau, ne pouvant transpirer, va se dessécher et se rider beaucoup plus vite. D'ailleurs, si elles ont le malheur de rencontrer des vapeurs animales exaltées ou en fermentation, elles vont noircir à vue d'œil, et présenteront un spectacle dont elles seules ne pourront s'amuser.

On doit avoir dans son cabinet de la véritable eau de Cologne, que l'on peut se procurer chez Laugier, et qui est pour le moins aussi bonne que celle de Farina, tant prônée dans les journaux. Il est vrai que la première eau que l'on fit à Cologne dût paraître supérieure en ce qu'il n'y avait que Farina qui en connût la recette; mais à présent que le procédé pour la bien faire n'est plus un secret, on peut en trouver d'aussi bonne dans toutes les grandes villes, et même de préférable. Ce n'est que la réputation qui donne la vogue à toutes ces espèces d'eau.

Quelques dames se servent de l'eau d'Achem pour les bains et la toilette; je ne pense pas qu'elle puisse être dangereuse, et je n'ai jamais vu personne s'en plaindre.

Il faut qu'une dame ait de la cire pour noircir ses sourcils, surtout lorsqu'ils commencent à blanchir ou qu'ils sont de différentes couleurs. Avec de la cire on peut leur donner une couleur uniforme; et même si la personne n'a point de cheveux gris, et qu'elle ait peu de sourcils, par ce moyen, on les fait paraître plus fournis.

Souvent on fait usage de la poudre d'ivoire pour blanchir et pour adoucir les mains; cependant on peut les adoucir encore mieux avec des gants que l'on garde pendant la nuit : on les remplit de pâte d'amande et de poudre d'ivoire; ensuite on les vide, et on les met sans les avoir trop secoués, seulement un peu pour faire tomber le plus gros de la pâte d'amande et de la poudre. Bien des dames parviennent, de cette manière, à conserver leurs mains blanches et douces.

Il convient de couper les ongles avec des ciseaux faits exprès pour cet usage : ils doivent être en acier fin, courbés, et ayant une petite lime sur leurs lames; ce sont les plus commodes et par conséquent ceux que l'on doit préférer.

Après que les ongles sont faits, il faut les arrondir à l'aide d'un grattoir, que l'on doit toujours avoir sur sa toilette, et qui sert également pour adoucir la peau des pieds, où il se forme quelquefois des durillons provenant du frottement des souliers, etc.

Pour entretenir la fraîcheur du visage et la beauté des mains, quelques dames se servent de petites tranches de veau, qu'elles appliquent sur la partie à l'aide d'une espèce de bandage qui sert à les maintenir. Ce moyen peut avoir des résultats fâcheux, parce qu'il repousse les humeurs à l'intérieur et supprime la transpiration.

RECETTES DIVERSES.

Recette pour faire croître les cheveux.

Prenez une once de moelle de bœuf fraîche, une once de graisse de pot-au-feu, avant qu'il ait été salé; faites-les fondre ensemble dans un petit pot de terre neuf; passez ce mélange et le jetez sur une once d'huile de noisette.

Autre recette.

Mêlez bien ensemble deux onces de graisse d'ours, une demi-once de miel, six gros de labdanum, trois gros de poudre d'aurone, trois gros de baume du Pérou et un peu d'huile d'amande douce pour rendre la pommade plus onctueuse.

On recommande aussi pour le même objet, des racines d'iris cuites dans l'huile d'olive, mêlées au mucilage extrait de la racine d'orme.

Quand, après une longue maladie, les cheveux, affaiblis par des sueurs trop abondantes, menacent d'une chute totale, on peut l'arrêter par l'usage d'une poudre végétale fortifiante.

Poudre conservatrice des cheveux.

Prenez, racines de souchet long, de roseau aromatique, roses rouges sèches, de chacune, deux onces; benjoin, une once; aloès, six gros; farine de fèves, six onces; racine d'iris, huit onces : faites pulvériser et tamiser le tout, pour en obtenir une poudre très fine. Cette poudre arrête la chute des cheveux, et facilite leur accroissement. Elle a, dit-on, de plus, la propriété d'égayer l'imagination et de fortifier la mémoire.

Recette pour teindre les cheveux.

Concassez une livre de noix de galle; faites-les bouillir dans de l'huile d'olive, jusqu'à ce qu'elles soient devenues molles; ensuite faites-les sécher, et les réduisez en poudre très fine que vous incorporerez avec égale partie de poudre de charbon de saule, et autant de sel commun bien pulvérisé; vous ajouterez au mélange, de l'écorce d'orange ou de citron, séchée et mise en poudre; faites bouillir le tout avec douze livres d'eau, jusqu'à ce que le mélange se précipite au fond du vase, et prenne la consistance d'une pommade noire. Vous en frotterez les cheveux avec soin, et les couvrirez d'un bonnet afin de les sécher.

Il faut renouveler cette opération une fois par semaine, de peur que les cheveux ne rougissent; on le peut sans inconvénient, d'autant que cette teinture est propre à fortifier le cerveau.

Dépilatoire.

S'il est bon de connaître les moyens de faire croître la chevelure, il est aussi nécessaire de savoir repousser les cheveux, ou tout ce qui leur ressemble, de toute autre place que celle que leur a marquée la nature. Souvent il arrive que la chevelure plante ses racines trop bas sur le front, ce qui nuit à l'agrément de la physionomie; des sourcils trop épais, ou trop rapprochés, détruisent également l'accord qui doit régner dans tous les traits d'un beau visage. Souvent de petits signes se hérissent de poils incommodes, et donnent quelque chose de suranné à la plus jolie figure. Il est donc nécessaire de recourir à des moyens propres à détruire cette végétation indiscrète. Je me garderai bien de parler de la manière de préparer les dépilatoires dans lesquels entrent des substances dangereuses à employer, telles que l'orpiment, le suc de jusquiame, l'esprit de sel dulcifié, etc. Je ne recommanderai que les plus doux, tels que l'eau de persil, le suc d'ocacia, l'huile de noix, la cendre de sarment infusée dans du vinaigre, la gomme de cerisier dissoute dans l'esprit de vin, une petite application de levain aigri, la décoction de pois chiches, le suc de tithymale mêlé avec de l'huile : tous ces moyens peuvent s'employer sans crainte.

Un des meilleurs dépilatoires est celui-ci, indiqué par M. Bayle :

Pulvérisez égale quantité de l'espèce de vitriol appelé *rusma*, et de chaux vive; faites-les fondre ensemble dans de l'eau pure. Ces deux substances formeront une pâte fort épaisse, que vous appliquerez sur la partie couverte de poils; au bout de trois ou quatre minutes levez l'appareil et frottez la place avec un linge, le poil sera enlevé jusque dans ses racines sans causer la moindre douleur, et sans que l'application du caustique ait occasionné le moindre inconvénient à la peau.

La cendre de bois de hêtre, bien nette et bien fine, a aussi, dit-on, cette propriété. S'il en est ainsi, elle peut servir à faire tomber ce duvet incommode qui souvent tapisse les parois intérieures du nez. On en frotte cette partie avec le bout du doigt, et cette végétation inutile tombe sans efforts.

Pommade pour les lèvres.

Prenez, huile d'amande douce, mucilage de guimauve, de chaque, une once et demie; de graisse d'oie et de moelle de veau, deux gros; gomme adragant, un gros et demi. Mêlez le tout ensemble sur un feu doux; et lorsque le tout sera bien fondu, versez-le dans un petit vase de porcelaine, que vous conserverez bien bouché, de peur que l'air ne fasse rancir cette pommade.

Autre pommade pour les gerçures des lèvres.

Faites fondre, dans une terrine neuve et vernissée, quatre onces de cire jaune, coupée en morceaux; lorsqu'elle sera fondue, ajoutez-y une demi-livre de beurre très frais, une demi-livre de raisin noir égrené; enfin une once d'orcanette pulvérisée. Faites bouillir le tout un bouillon; passez-le dans un linge sans l'exprimer. Cette pommade se congelera en se refroidissant. Elle peut se conserver une année; elle est excellente pour les gerçures et même les crevasses que le froid fait quelquefois aux mains.

Poudre pour blanchir les dents.

Brûlez quelques morceaux de bois de romarin; jetez-en le charbon tout embrasé dans du vinaigre rosat; laissez-le infuser vingt-quatre heures, faites-le sécher ensuite au soleil, et le réduisez en poudre très fine.

Voici le dentifrice indiqué par *l'Ami des femmes*, et qui, dit-on, remplit le mieux toutes les indications:

Poudre dentifrice.

Une once de charbon en poudre tamisée; une demi-once de sucre candi pulvérisé; trois gros de kina-kina piton, une once de crème de tartre: mêlez le tout exactement.

Quelques personnes croient que les opiats sont moins nuisibles aux dents que les teintures et les poudres; pour être de quelque utilité, il faut qu'ils contiennent des substances astringentes ou antiscorbutiques; on indique dans ce but la poudre de girofle mêlée avec du miel, un citron piqué de clous de girofle, séché, réduit en poussière, et mêlé avec du sirop de cannelle, ou l'opiat suivant.

Opiat d'orange.

Prenez des écorces d'oranges douces, faites-les réduire en charbon; pilez-les, et passez au tamis le plus fin; mêlez exactement cette poudre avec du miel blanc très pur, jusqu'à consistance de marmelade; ajoutez-y quelques gouttes d'esprit de menthe.

Cet opiat a le double avantage de nourrir les gencives et de rendre les dents d'une grande blancheur; il les préserve aussi de la carie. On se frotte les dents, le soir, avec cet opiat, et on ne se lave la bouche que le lendemain. Cette composition, indiquée par plusieurs médecins, est, selon moi, préférable à toutes les autres.

Pour l'emploi de ces diverses substances, et les soins des dents, on doit préférer une brosse aux racines de luzerne que l'on vend pour les remplacer. Il serait encore mieux d'user d'une petite éponge, à moins que la brosse ne soit extrêmement douce, car son usage déchausse les dents, et souvent les dérange de leurs alvéoles.

Il arrive souvent qu'après une indisposition, et malgré les soins de la plus exacte propreté, les dents jaunissent et se couvrent de tartre ; il faut alors recourir au dentiste pour les faire dégager de ce sédiment rongeur. Cette opération demande de la patience et de l'adresse. Nous avons maintenant des hommes assez habiles dans leur art pour oser faire un choix parmi eux. Si pourtant les circonstances, un séjour prolongé à la campagne vous privait de cette ressource, voici un moyen indiqué par le *Dictionnaire de l'Industrie*, pour y suppléer, pourvu toutefois que vous l'employiez avec prudence.

Dentifrice solide.

Prenez deux onces de corail, de sang-de-dragon, de crème de tartre, de cannelle, de girofle, le tout en poudre ; ajoutez quantité suffisante de gomme adragant, dissoute dans de l'eau de menthe, pour lier le tout et en faire une pâte ; formez-en de petits cylindres gros comme des tuyaux de plumes, et longs de trois pouces, et les laissez sécher.

Lorsqu'on veut s'en servir on se frotte les dents avec ces petits cylindres, ils s'usent à mesure qu'ils nettoient les dents et tiennent lieu de poudres, d'opiat ou de racines préparées : observez qu'il ne faut s'en servir que jusqu'à ce que le tartre soit enlevé, et jamais au-delà.

Une coutume très salutaire pour se conserver les dents saines et la bouche fraîche, c'est de passer le soir avant de se coucher la brosse sur les dents, et de se rincer la bouche avec de l'eau légèrement aromatisée d'eau-de-vie de cerises; chaque matin il faut renouveler cette opération après s'être servi de la poudre de charbon ou des autres dentifrices déjà indiqués : l'eau-de-vie de gaïac est encore plus favorable, elle raffermit les gencives et apaise même les douleurs de dents; on en jette quelques gouttes dans l'eau, seulement pour la blanchir.

Si quelques légères douleurs faisaient craindre de voir vos dents attaquées par cette cruelle maladie appelée *carie*, vous pouvez la prévenir en faisant bouillir une poignée de feuilles de lierre dans du vin de Bourgogne rouge; on laisse réduire la liqueur à moitié, on la passe à travers un linge, et chaque jour on se rince la bouche avec cette liqueur. J'indiquerai, pour le même usage, une eau dont j'ai toujours vu éprouver de prompts effets.

Eau contre la carie.

Prenez deux onces de chaux vive, versez dessus une pinte d'eau bien pure, laissez le vase sans y toucher pendant vingt-quatre heures, versez ensuite cette eau par inclinaison, et sans que le sédiment s'y mêle ; mettez dans une bouteille deux gros d'huile essentielle de menthe, jetez l'eau de chaux par-dessus, et conservez-la bien bouchée.

Cette eau ne blanchit point les dents et ne dispense pas des soins cosmétiques de la bouche, mais elle guérit les maladies des gencives et raffermit les dents.

Gants cosmétiques.

Battez ensemble deux jaunes d'œufs très frais, et deux cuillerées d'huile d'amande douce ; arrosez ce mélange d'une demi-once d'eau de rose, ajoutez-y deux gros de teinture de benjoin.

On trempe les gants retournés dans cette composition, on les en pénètre et on les met la nuit sur sa peau.

On fait aussi une pommade avec laquelle on se frotte les bras et les mains en se couchant, et que l'on retient sur la peau par le moyen des gants.

Pommade pour les mains.

Ayez deux onces d'huile d'amandes douces, trois gros de cire vierge et trois gros de blanc de baleine très pur; faites chauffer ces trois substances dans trois vases différens, puis les versez toutes ensemble en ayant soin de les mêler exactement. Jetez-les ensuite dans une jatte avec de l'eau fraîche, remuez toujours la pommade et changez d'eau souvent, jusqu'à ce que cette pommade soit devenue blanche. On la conserve dans de l'eau de rose ou de l'eau de fontaine que l'on changera chaque jour.

Pâte pour les mains.

Prenez une livre d'amandes douces, un quarteron de mie de pain blanc, un demi-setier d'eau de fontaine, autant d'eau-de-vie, autant de vinaigre blanc, deux jaunes d'œufs : on pilera d'abord les amandes après les avoir pelées, et on les arrosera de vinaigre, afin que la pâte ne tourne pas en huile; on y ajoutera la mie de pain qu'on humectera d'eau-de-vie en la mêlant avec les jaunes d'œufs et les amandes; on fera ensuite cuire le tout sur un feu doux en remuant continuellement, de peur que la pâte ne s'attache au fond de la bassine.

Préparée ainsi, la pâte d'amandes produit un effet plus certain; cependant comme on a remarqué que les corps gras ne convenaient pas à certaines peaux; qu'il en est même que la pâte d'amandes jaunit et brunit, on a cherché à la remplacer par une autre substance exempte de produire de tels inconvéniens. Le fruit de l'*œsculus*, ou marronnier d'Inde, offre cet avantage, et voici la manière de le rendre propre à cet usage.

Poudre cosmétique pour les mains.

Il faut peler les marrons mûrs, les faire sécher, les piler dans un mortier couvert; passer cette poudre au tamis très fin. Quand on veut s'en servir on jette une quantité convenable de cette poudre dans l'eau, qui devient blanche, savonneuse et douce comme du lait.

« Le fréquent usage de cette farine, ajoute l'*Encyclopédie de la Beauté*, est très salutaire : la peau en contracte un lustre admirable, elle décrasse parfaitement et n'est sujette à aucun des inconvéniens des substances savonneuses. »

Parmi les nombreuses préparations que j'ai vu employer à la toilette des mains, il en est une qui m'a toujours paru réunir l'avantage des pâtes à celui des savons; non seulement elle décrasse, entretient la souplesse de la peau, mais encore elle la blanchit et nettoie parfaitement les ongles. Cette recette est due à une Créole.

Pâte citronnée.

Prenez six bons citrons et six pommes de reinette, coupez-les en rouelles, et faites-les bouillir dans une pinte d'eau : laissez réduire à moitié, ajoutez autant d'eau-de-vie qu'il reste d'eau, et un quarteron de sucre en poudre; laissez cuire en consistance de marmelade; retirez du feu, et conservez dans un vase de porcelaine ou de verre bien bouché.

On se frotte les mains de cette pâte, puis on les rince après dans l'eau tiède. Elle remplace parfaitement les savons, qui, quelque bien préparés qu'ils soient, altèrent toujours l'épiderme. Cependant si vous avez coutume de vous en servir, et que votre peau puisse en supporter, sans danger, l'action un peu caustique, préférez toujours les savons secs aux savons liquides, et celui dont le parfum est le plus simple au plus composé. Gardez-vous surtout de *l'ekmelek*, qui contient des substances corrosives capables de gâter la plus belle peau. Au reste, voici la recette d'une sorte d'*ekmelek* que vous pouvez employer quelquefois.

Savon liquide.

Délayez deux onces de savon blanc râpé dans deux onces de suc d'oranges douces ; ajoutez-y une once d'huile d'amandes amères, et quelques gouttes d'huile essentielle de rose, de jasmin ou de telle autre substance dont l'odeur vous flattera davantage ; mêlez le tout et le remuez jusqu'à ce qu'il prenne la consistance d'une pommade.

Cérat pour guérir les engelures entamées et les brûlures.

Prenez un blanc d'œuf frais, mêlez-y une cuillerée d'huile d'olive, et battez-le jusqu'à consistance de crème : on imbibe des linges de ce cérat, on les applique sur la partie entr'ouverte ; on aura le soin de les renouveler trois ou quatre fois dans la journée ; au bout de trois jours la plaie sera fermée.

Pommade fortifiante pour les ongles.

Une demi-once d'huile de lentisque, un demi-gros de sel, deux scrupules de colophane, et autant d'alun, un peu de cire vierge. Formez une pommade à la manière du cérat.

Quant aux taches blanches qui paraissent quelquefois sur les ongles, qu'Horace appelait *les parjures de Barine*, et que nous nommons encore des *mensonges*, on les dissipe en appliquant dessus de la poix et de la myrrhe fondues ensemble; celles que font naître les cerneaux, les cerises, et autres fruits, etc., s'enlèvent par les acides végétaux, tels que le jus de citron, l'oseille.

Moyen de dissiper le hâle et les rougeurs du visage.

Prenez un demi-setier de lait, exprimez-y le jus d'un citron, ajoutez un gros d'alun, une demi-once de sucre, et une cuillerée d'eau-de-vie. Faites bouillir le tout jusqu'à ce que la partie caséeuse soit séparée, clarifiez-le avec un blanc d'œuf, passez la liqueur devenue limpide, et la conservez dans une fiole bien bouchée.

Autre.

Prenez une grappe de verjus, mouillez-la et la saupoudrez d'alun et de sel; enveloppez-la dans du papier, et la faites cuire sous des cendres chaudes; quand les grains sont amollis, exprimez-en le jus. Pour se servir de cette liqueur, on la mêle avec égale partie d'eau de plantain ou de rose, on en imbibe des linges fins, on les applique pendant quelques minutes sur les parties altérées de la peau; on se lave ensuite avec de l'eau fraîche, et le hâle disparaît.

Pommade pour effacer les rides.

Prenez de suc d'ognon blanc, d'ognons de lis, de chacun deux onces; poids égal de miel de Narbonne très pur, et une once de cire vierge. Mettez le tout dans un vase de terre neuf, et le placez sur un réchaud allumé, jusqu'à ce que la cire soit fondue; retirez alors la terrine pour incorporer le tout ensemble; tournez continuellement avec une spatule de bois, jusqu'à ce que le mélange soit refroidi. On l'applique le soir en se couchant, et on ne l'essuie que le lendemain.

Eau pour faire disparaître les rides.

Faites bouillir une poignée d'orge perlé dans une pinte d'eau, jusqu'à ce que les grains en soient parfaitement cuits; passez cette eau à travers un linge fin; ajoutez quelques gouttes de baume de la Mecque; agitez bien la bouteille dans laquelle vous aurez versé le tout jusqu'à ce que le baume soit bien dissous dans l'eau d'orge.

Lavez-vous le front et les yeux avec cette eau, qui, outre la propriété qu'elle a d'effacer les rides, est encore un très bon cosmétique pour la peau.

Fard blanc.

Prenez une livre de talc d'un beau gris de perle, râpez-le avec une peau de chien marin, passez cette poudre à travers un tamis de soie très fin, mettez-la infuser dans une pinte de bon vinaigre blanc distillé; pendant quinze jours, ayez soin d'agiter le vase plusieurs fois par jour, excepté le dernier que vous laisserez reposer la liqueur. Otez le vinaigre par inclinaison, de manière à ce que le blanc reste dans le vase; vous verserez dessus de l'eau claire et filtrée; videz le tout dans une terrine bien nette; agitez-le avec une spatule de bois; laissez retomber la poudre au fond de la terrine : ôtez l'eau doucement; lavez ainsi cette poudre six ou sept fois, observant de vous servir toujours d'eau filtrée. Quand la poudre sera aussi douce et aussi blanche que vous le désirez, faites-la sécher sur un tamis de soie, dans un endroit où elle ne reçoive point de poussière; repassez-la encore au tamis, et la conservez dans une boîte.

On emploie ce blanc à l'aide d'un corps gras; il ne se détache point par la transpiration; si la pommade avec laquelle on l'applique est bien faite, il fait peu de tort à la peau; cependant il ne faudrait pas en faire un trop fréquent usage, de peur d'engorger les pores du tissu cellulaire.

Vinaigre de rouge végétal.

On lave parfaitement, dans une eau courante, une certaine quantité d'étamines de carthame; on teint du coton avec cette fleur, qui, par le lavage, a perdu sa couleur jaune; on enlève ensuite au coton la couleur qu'il a prise en le lessivant avec du carbonate de soude, et l'on précipite cette couleur en saturant le carbonate par le moyen d'un acide végétal, tel que du jus de citron.

Cette coutume d'étendre le rouge dans un acide, donne sans doute plus d'éclat à la teinture et à la peau sur laquelle on l'applique, mais nous savons que cet éclat est ensuite chèrement payé. Il vaut mieux unir le rouge aux spiritueux, aux émulsions, aux pommades et aux onctueux, si la qualité de la peau le permet : à cet effet, on peut employer le baume de la Mecque, l'huile de Ben, le beurre de cacao et le blanc de baleine.

Rouge végétal spiritueux.

Mettez dans une bouteille une demi-once de benjoin, une once de bois de santal, une demi-once de bois de Brésil, autant d'alun de roche, jetez sur ces substances une chopine d'eau-de-vie; bouchez la bouteille, et la remuez une fois par jour. Au bout de douze jours vous pourrez vous servir de la liqueur. On s'en frotte légèrement les joues avec du coton imbibé.

Ce rouge, plus balsamique que le précédent, imite parfaitement le coloris naturel.

Rouge végétal onctueux.

Pilez deux livres d'amandes douces bien mondées, avec quatre gros de poudre de bois de santal rouge, et autant de poudre de girofle; mettez ce mélange dans un vase de faïence vernissée; versez dessus une once de bon vin blanc et autant d'eau de rose distillée; remuez bien le tout chaque jour, et au bout d'une semaine, exprimez fortement cette pâte à la presse destinée à extraire l'huile d'amandes douces.

La liqueur qu'on en obtient peut s'employer en cet état ou servir à teindre du crépon.

MANIÈRE

DE PRENDRE SOI-MÊME MESURE D'UNE PERRUQUE, D'UN TOUPET, ETC., AVEC LES PRIX DE CES DIVERS OBJETS.

On n'a pu voir la dernière exposition sans se convaincre qu'il est difficile de pousser plus loin l'imitation de la nature. Je suis parvenu à ce degré de perfection, qu'une fois en place, mes perruques et toupets, simulant complétement l'implantation des cheveux dans la chair, avec tous ses accidens, ne sauraient être reconnus pour des produits artificiels : l'illusion est telle que l'œil le plus exercé s'y tromperait. On peut en acquérir la preuve en venant chez moi.

Le prix de mes perruques, imitant les cheveux implantés dans la chair, varie depuis 35 jusqu'à 150 fr.; celui des perruques ordinaires, confectionnées avec le plus grand soin, et dans la plus belle qualité de cheveux, depuis 20 jusqu'à 50 fr. Le prix des toupets est plus ou moins élevé, suivant leur dimension. Les personnes qui, sans être à Paris, voudraient m'honorer de leur confiance, sont priées de lire l'instruction suivante avant de m'adresser leurs commandes.

Mesure des perruques.

1. On devra avoir une bande de papier assez longue pour faire le tour de la tête, pour en prendre le tour ou la grosseur, en passant par-dessus les oreilles, en s'appuyant au front et à la nuque.

2. La distance du front à la nuque, en passant par le sommet de la tête.

3. On prendra la distance d'une oreille à l'autre, en passant de même par le sommet de la tête.

4. Il faut prendre la distance d'une oreille à l'autre, en passant par le front à l'endroit marqué à la naissance des cheveux.

Mesure des toupets.

Prendre la longueur de la nudité, dans la direction du front à la nuque, et mesurer sa plus grande longueur.

On peut aussi découper sur une feuille de papier un espace de même forme et de même dimension que celui qui est mis à nu. Il faut alors y marquer le devant et le derrière de la tête.

Mesure des tours à montures.

Prendre sur le front la distance d'une oreille à l'autre.

Mesure des touffes invisibles.

Il suffit de me faire savoir si l'on désire beaucoup ou peu de cheveux.

Coiffures postiches pour les dames, très faciles à adapter sur un peigne.

Il est essentiel de me faire savoir si l'on veut qu'elles soient peu ou très garnies.

OBSERVATIONS GÉNÉRALES.

Pour les perruques, les toupets, les tours et les touffes, il est indispensable de me faire connaître si l'on veut une *frisure naturelle* ou une *frisure factice*. On ne négligera pas non plus de m'instruire exactement de la nuance des cheveux, en m'adressant une mèche ou échantillon. Il ne m'est pas inutile d'être informé de l'âge à peu près de la personne.

Lorsqu'on voudra une perruque de dame, il faudra m'informer si je dois la faire à longs cheveux, et si je dois laisser ou non, pour accompagner la nuque, de petits cheveux, qui d'ordinaire tombent sur le cou après que la natte est relevée.

Salon pour la coupe des cheveux et pour la coiffure.

Ayant fait une étude particulière des dispositions les plus convenables à donner à la chevelure, soit depuis le contour de la figure, soit d'après la physionomie habituelle des personnes, je ne crains pas d'avancer que j'ai acquis, dans ce genre, un degré d'habileté qui ne laisse rien à désirer.

Crême d'alibour.

La crême d'alibour, pour laquelle j'ai été seul approuvé par plusieurs membres les plus distingués de la Faculté de Médecine, est le plus puissant préservatif contre toutes les maladies des cheveux, dont elle arrête ou prévient les chutes et favorise la croissance; son odeur est des plus agréables; elle s'emploie comme les autres pommades, en ayant soin de la faire pénétrer jusqu'à la racine des cheveux. Comme je n'annonce pas des miracles, j'ose me flatter qu'on ne les confondra pas avec ces essences et cosmétiques tant prénés par le charlatanisme, et dont les moindres inconvéniens sont de dénaturer le cuir chevelu, de le rendre dartreux et de le dégarnir de bonne heure de son plus bel ornement.

La crème d'alibour ne produit pas une réparation toujours impossible, mais elle nourrit, conserve et fortifie, sans qu'aucune des substances dont elle se compose puisse avoir une action dangereuse sur le cerveau ou sur la vue. Les personnes qui en font usage certifieront ces propriétés.

Le prix des flacons est de 2 fr. pour Paris, et de 2 fr. 25 c. pour les départemens.

N. B. On peut trouver chez moi tous les autres articles de parfumerie, et généralement tout ce qui concerne la coiffure. Je fais des envois en province et à l'étranger.

ANECDOTES
DIVERSES.

La longue *chevelure*, en France, était autrefois la marque distinctive entre les francs et les peuples subjugués. La nation subjuguée devait porter les *cheveux* courts. Les serfs avaient la tête rase. Les ecclésiastiques, pour marquer davantage leur servitude spirituelle, se la rasaient entièrement, et ne conservaient qu'un petit cercle de *cheveux*. On jurait sur les *cheveux* comme on jure aujourd'hui sur son honneur : les couper à quelqu'un, c'était le dégrader, c'était le flétrir. On obligeait ceux qui avaient trempé dans une même conspiration de se les couper les uns aux autres. Frédégonde coupa les *cheveux* à une maîtresse de son beau-fils, et les fit attacher à la porte de l'appartement de ce prince. L'action parut horrible.

Sous les rois de la première race, rien n'était plus poli, en saluant quelqu'un, que de s'arracher un *cheveu*, et de le lui présenter. C'était dire qu'on lui était aussi dévoué que son esclave. L'homme qui tombait dans l'esclavage coupait ses *cheveux* et les présentait à son maître. Clovis s'arracha un *cheveu* et le donna à Saint-Germain pour lui marquer combien il l'estimait. Aussitôt chaque courtisan s'en arracha un et le présenta à ce vertueux évêque, qui s'en retourna dans son diocèse enchanté des politesses de la cour.

———

De Bury, qui a donné une *Vie de Henri IV*, raconte que ce prince, ayant demandé un jour à un paysan pourquoi ses *cheveux* étaient blancs quand sa barbe était noire, il répondit : « Sire, c'est que mes cheveux sont de vingt ans plus vieux que ma barbe. » Voltaire prétend que ce bon mot est lui-même de vingt ans plus vieux que l'existence de Henri IV.

———

On appelle, en termes d'astronomie, *chevelure de Bérénice*, les sept étoiles qui sont près de la queue du lion. Bérénice, femme de Ptolémée Évergète, roi d'Égypte, voua aux dieux ses *cheveux*, si son mari remportait la victoire, et s'il revenait sans accident de ses expéditions. Ptolémée étant revenu, comme son épouse le désirait, elle se fit, pour s'acquitter de sa promesse, couper les *cheveux*, et les consacra aux dieux dans un temple. Peu de temps après, ces *cheveux* furent perdus on ne sait comment. Ptolémée entra en fureur contre les prêtres; mais Conon de Samos, habile mathématicien, pour l'apaiser et lui faire sa cour, lui dit que ces *cheveux* avaient été transportés dans le ciel, et montra sept étoiles près de la queue du lion, qui jusque-là n'avaient fait partie d'aucune constellation, assurant que c'était la *chevelure* de Bérénice, et ce nom est demeuré en usage jusqu'à présent.

———

Busbecq rapporte dans ses Mémoires pour la barbe de l'homme, qu'il avait vu un janissaire à Constantinople, qui avait une si grande quantité de *cheveux* sur la tête, qu'un coup de fusil ne pouvait le blesser.

———

On lit, dans le *Cours d'Histoire naturelle*, que, dans une famille de Verneuil-sur-Oise, près Senlis, le père et ses fils seulement étaient nés absolument sans *cheveux*.

———

Rien ne fut plus agréable à César, qui était *chauve*, que le droit que lui donna le sénat de porter toujours sur la tête une couronne de lauriers qui cachait sa *chauveté*.

———

Caligula était *chauve* sur le sommet de la tête ; en conséquence, malheur à ceux qui le regardaient d'en haut quand il passait !

———

L'empereur Domitien était aussi devenu *chauve* de très bonne heure, et souffrait impatiemment qu'on reprochât ce défaut à quelqu'un : aussi Juvénal, voulant le désigner d'une façon injurieuse et piquante, l'appelait Néron le *chauve*.

———

Bion, philosophe grec, se moquait de ceux qui s'arrachaient les cheveux par excès d'affliction. « Quand ces gens seront chauves, disait-il, en auront-ils moins sujet d'être chagrins ? »

———

> Deux *chauves*, dans un coin,
> Virent briller certain morceau d'ivoire ;
> Chacun d'eux veut l'avoir. Dispute et coups de poing.
> Le vainqueur y perdit, comme vous pouvez croire,
> Le peu de cheveux gris qui lui restaient encor.
> Un peigne était le beau trésor
> Qu'il eut pour prix de sa victoire.

Hucbald, religieux bénédictin, composa un poëme à la louange des *chauves* ; il le dédia à Charles-le-Chauve. Toutes les lettres de ce poëme commençaient par la lettre C.

Les siècles anciens virent des personnes, des princes même, qui, s'élevant au-dessus du préjugé commun, furent les premiers à badiner sur leur *calvitie*. Sous le règne de Vespasien, une comète ayant paru, on publia qu'elle annonçait la mort d'un grand prince ; ce présage, répondit l'empereur, peut concerner le roi des Parthes, qui est chevelu comme une comète ; il ne me regarde pas, puisque je suis *chauve*. Si la chevelure eut un grand nombre de panégyristes, la *calvitie* eut aussi ses partisans : sans parler de saint Jérôme, pour qui un front *chauve* était une marque de sagesse, Synesius, évêque de Syrène au cinquième siècle, en fit l'éloge en forme; exemple qu'au neuvième siècle le moine Hucbald suivit, en dédiant à Charles-le-Chauve un petit poëme sur la *calvitie*.

Le cardinal de Richelieu porta le premier la *calotte* à la cour. Il n'y a pas bien long-temps qu'on ne parlait ni au pape ni aux cardinaux avec une *calotte* ni même une perruque sur la tête.

Dès que vous sentirez approcher les *blondins*,
Fermez vite vos yeux, vos oreilles, vos mains.
       La Fontaine.

 Le *blond* ajoute à la beauté
 Un doux attrait qui nous enchante;
 Pour nous peindre la volupté,
 On peint une *blonde* touchante;
 On vit les *blondes* constamment
 Soumettre les vainqueurs du monde;
 Et quand l'Amour se fit amant,
 Ce fut en faveur d'une *blonde*.

ANECDOTES DIVERSES.

> En vain la brune a de l'esprit,
> En vain le sel de la saillie
> Se mêle à tout ce qu'elle dit,
> De ses attraits je me défie :
> Qu'elle inspire la volupté
> Par une grâce sans seconde,
> Je lui dis : Belle, en vérité....
> Vous méritez bien d'être *blonde*.

Fontenelle prétendait que pour l'ordinaire une *brune* avait de l'esprit :

> Qui dit *brunette*, il dit spirituelle.

Si j'avais un compliment à faire à une blonde, je lui dirais, avec le comte de Vibrayes :

> Entre la *brune* et la blonde,
> Quand l'Amour était flottant,
> Vous n'étiez pas de ce monde,
> Comme aujourd'hui, l'ornement ;
> L'incertitude est finie
> Depuis qu'on voit vos attraits ;
> Pour le temps de votre vie
> La *brune* perd son procès.

Si j'avais, au contraire, à complimenter

une *brune*, je substituerais, dans le dernier vers, le mot blonde au mot *brune*, et je lui chanterais le même couplet.

A deux sœurs, dont l'une était *brune* et l'autre blonde :

>Vous êtes belle, et votre sœur est belle ;
>Entre vous deux, tout choix serait bien doux :
>On dit qu'Amour était blond comme vous,
>Et qu'il aimait une *brune* comme elle.

En France, le czar PIERRE fut regardé par des courtisans comme un homme assez médiocre, parce qu'il était mal coiffé, et qu'il ne portait jamais qu'un habit *brun*.

Le cavalier BERNIN fut appelé à grands frais de Rome pour le péristyle du Louvre : Louis XIV lui fit l'accueil le plus gracieux. Le cavalier proposa, en arrivant, de sculpter le buste du monarque. Un jour qu'il y travaillait, jugeant avantageux que le front fût plus découvert, il arrangea lui-même, en boucles relevées, les cheveux qui ombrageaient trop le visage, et, à cette occasion, dit au prince : « Votre

Majesté est un roi qui peut se montrer à tout le monde. » Les courtisans ne manquèrent pas de singer leur maître : cette frisure devint à la mode ; on l'appela *frisure à la Bernin*.

———

Buffon avait pour principe, qu'on ne pouvait avoir un extérieur trop propre et même trop soigné : aussi le vit-on, lorsque le vent ou quelque autre cause dérangeait sa *frisure*, se faire *friser* deux et même trois fois dans un jour.

———

Socrate ne fut pas toujours modeste dans sa coiffure, et ses cheveux *bouclés* tombaient sur ses épaules. Un jour qu'il dormait dans un champ, deux enfans s'approchent pour lui faire des niches. Les petits polissons accrochent chaque *boucle* de cheveux, par le moyen d'un fil, à un petit pieu qu'ils fichent en terre. Le sommeil du sage est un sommeil profond : à la fin cependant Socrate s'éveille, s'aperçoit de l'espiéglerie, et, loin de s'en fâcher, il prend tranquillement une paire de ciseaux, coupe ses cheveux, et remercie ces enfans de la leçon qu'ils lui ont donnée.

———

On tient pour vrai que moins on a de *toupet*, plus on a d'esprit.

Moi j'aime son front chauve, et je crois, en effet,
Que le feu du génie a brûlé son *toupet*.

La barbe à *toupet* fut très en vogue sous Louis XIII. Cette barbe à *toupet* était une petite touffe de poils placée sous la lèvre inférieure, que les courtisans joignaient aux moustaches, qui suppléaient à la barbe qu'on venait de quitter. On fut très attaché aux moustaches et à la barbe à *toupet* pendant un certain temps, ainsi qu'on l'avait été à la barbe proprement dite, un siècle auparavant. Le plus célèbre duelliste de son temps, le comte de Bouteville, condamné à être décapité, voyant que l'exécuteur, qui lui avait coupé les cheveux, allait lui couper la moustache et la barbe à toupet, qui étaient belles et grandes, ne put cacher le chagrin que lui causait ce déshonneur ; et l'évêque de Nantes, qui le réconfortait à cet instant, se vit obligé de lui représenter qu'il ne fallait plus penser au monde et à ses vanités.

On trouve, dans la Vie de Gassner, quatre

jolis vers, les seuls qui nous restent de l'*Ouvroir des Nones*, chant destiné pour être ajouté au *Ver-Vert*, mais que Gresset jeta au feu :

> L'une découpe un agnus en losange,
> On met du rouge à quelque bienheureux ;
> L'autre bichonne une vierge aux yeux bleus,
> On passe au fer le *toupet* d'un archange.

———

Un auteur, nommé THIÈS ou THIÈAS, a fait un *Traité des Perruques*, d'environ cinq cents pages, dans lequel il a écrit dix pages au plus sur les *perruques* ; à peu près comme MONTAIGNE a écrit un chapitre *des Bottes*, dans lequel il parle de tout, excepté des bottes.

———

Les premières *perruques* ne parurent en France qu'en 1440. Du temps de Louis XIV, cette chevelure artificielle était si garnie de cheveux, qu'elle pesait assez communément jusqu'à deux livres. Les cheveux blonds étaient les plus estimés : ils se vendaient ordinairement 50, 60, et même 80 fr. l'once. Une belle *perruque* valait jusqu'à mille écus. Ce fut Philippe-le-Bon, duc de Bourgogne, né en 1396 et mort en 1467, qui donna le premier exemple des *perruques*, à la suite d'une maladie, et par ordre des médecins.

Louis XIII avait à peine trente ans lorsqu'il perdit une partie de ses cheveux, qu'il avait fort beaux ; il eut recours aux cheveux artificiels : ces cheveux n'étaient pas encore tout-à-fait des *perruques*; mais de simples coins appliqués des deux côtés de la tête, et qui se trouvaient confondus avec les cheveux naturels. Dans la suite, on plaça un troisième coin sur le derrière de la tête, ce qui forma un tour ; et ce tour produisit enfin les *perruques*. Ces trois coins, composés de cheveux longs et plats, étaient attachés au bord d'une espèce de petit bonnet noir qui formait une *calotte*, et achevait de couvrir le reste de la tête : voilà de quel point est parti l'art du *perruquier*, avant que d'arriver à cette élégance où nous le voyons aujourd'hui parvenu.

Quelque temps après que les dernières charges de *barbiers-perruquiers* eurent été créées, Colbert s'apercevant qu'il sortait des sommes considérables du royaume pour acheter des cheveux chez l'étranger, il fut délibéré d'abolir les *perruques*, et de se servir de bonnets tels à peu près que quelques nations en portent. Il en fut même essayé devant le roi plusieurs modèles ; mais le corps des *perruquiers*, sentant bien qu'il allait être anéanti, présenta au conseil un Mémoire, accompagné d'un tarif bien circonstancié, qui faisait voir qu'étant les premiers qui exerçaient cet art nouveau, qui n'avait point encore passé dans les États circonvoisins, les envois de *perruques* qu'ils faisaient, surpassaient beaucoup la dépense, et faisaient entrer dans le royaume des sommes bien plus considérables qu'il n'en sortait pour l'achat de cheveux. En conséquence le projet des bonnets fut abandonné.

Il fut long-temps défendu aux ecclésiastiques de porter des *perruques* à l'église. En 1685, on empêcha un chanoine de la cathédrale de Beauvais de célébrer la messe, parce qu'il avait une *perruque*. Il la déposa à la porte du chœur, entre les mains de deux notaires, et protesta contre la violence qui lui avait été faite.

Le czar Pierre, dans son second voyage de

Hollande, en 1716, passa par Dantzick; il s'y trouva, un dimanche, placé dans l'église, à côté du bourgmestre : le service était long; on était en hiver. Le prince était chauve, et avait froid à la tête; il imagina de prendre, sur la tête de son voisin, la grande *perruque* qui la couvrait, et de la mettre sur la sienne. Le service fini, il rendit au bourgmestre sa *perruque*, et le salua très poliment.

A une représentation des *Fêtes publiques* (opéra-comique de FAVART), mademoiselle S..., connue sous le nom de *ma mie Babichon*, se glissa derrière le banc des symphonistes, rangés sur une ligne dans l'orchestre. Les musiciens avaient des *perruques*. Babichon y entortilla des hameçons qu'elle avait préparés avec des crins imperceptibles. Les crins se réunissaient à un fil de rappel qui répondait aux troisièmes loges. Babichon y monte, attend qu'on donne le signal pour l'ouverture; au premier coup d'archet la toile se lève, et les *perruques* s'envolent toutes en même temps. M. B..., directeur du grand opéra, qui présidait à cette représentation avec toute sa dignité, scandalisé d'une pareille indécence, voulut en connaître l'auteur, pour le punir. Babichon, qui avait eu le temps de descendre, était auprès de lui, et haussait les épaules, en joignant les mains. Mais on connut à son air moqueur que c'était elle qui avait fait le coup. Elle l'avoue, et dit à M. B....: « Hélas! monsieur, je vous supplie de me le pardonner; c'est un effet de l'antipathie que j'ai pour les *perruques*; et même au moment que je vous parle, malgré le respect que je vous dois, je ne puis m'empêcher de me jeter sur la vôtre. » Ce qu'elle fit, en prenant la fuite aussitôt. Chacun dit qu'il fallait venger l'honneur des têtes à *perruques*. Babichon fut mandée le lendemain à la police; mais elle raconta l'histoire si naïvement, et d'une façon si plaisante, que le magistrat étouffait de rire en la grondant. Elle en fut quitte pour une mercuriale.

Les *perruques* que quittèrent les hommes, sous le règne de la terreur, dans la crainte de passer pour des ci-devant, furent adoptées par les femmes avec une telle fureur, que celles d'entre elles qui paraissaient en public sans *perruque*, restaient sans attention et sans égard de la part des hommes. Il fallait, pour être à la mode, qu'une femme fût affublée d'une coiffure presque aussi ample que celle qu'on portait sous le règne de Louis XIV. S'il est vrai que les extrémités se touchent, c'est surtout chez les femmes. Ainsi, à ces têtes chargées d'un énorme amas de cheveux, qui leur donnaient un air de furie, les femmes firent succéder des têtes rasées, à la Titus, qui leur donnaient un air de folles. O femmes! toujours des écarts, jamais d'aplomb! toujours l'art, jamais la nature!

———

Vers l'année 1760, un *perruquier* nommé André s'avisa de faire une tragédie en cinq actes, ayant pour titre *le Tremblement de terre de Lisbonne* (1). Il osa envoyer sa pièce à Voltaire, qui, pour toute réponse, lui adressa une lettre de quatre pages, renfermant ces quatre mots cent fois répétés : « Monsieur André, faites des *perruques*; monsieur André, faites des *perruques*; monsieur André, faites des *perruques*; des *perruques*, toujours des *perruques*, et jamais que des *perruques*.

———

(1) Cette pièce, d'une insipidité et d'une grossièreté que rien n'égale, fut jouée avec une sorte de fureur sur un des théâtres du boulevard.

Jeannot Toupet, pauvre d'esprit,
Atteint de la métromanie,
Quitte le peigne, écrit, écrit,
Accouche d'une tragédie;
Court chez Voltaire, a la folie
D'oser le prendre pour censeur;
Mais le vieillard, d'un air moqueur,
A Jeannot découvre sa nuque:
Allez, dit-il, monsieur l'auteur,
Allez me faire une *perruque*.

―――

Un savant *perruquier* de Troyes en Champagne, avait mis à sa boutique, pour enseigne, un ABSALON suspendu par les cheveux au milieu d'une forêt, et transpercé par la lance de JOAD, général du roi DAVID. Au bas de l'enseigne, on lisait:

Passans, contemplez la douleur
D'Absalon pendu par la nuque:
Il eût évité ce malheur
S'il avait porté la *perruque*.

―――

L'abbé de SAINT-PIERRE s'était déclaré, par ses maximes et par sa conduite, contre le célibat des prêtres; mais le bon abbé respecta toujours le lit conjugal. Il se choisissait de jolles chambrières. Lorsqu'elles lui donnaient des enfans, il avait soin de leur faire apprendre quelque métier. Il les destinait de préférence à celui de *perruquier*, et lorsqu'on lui en demandait la raison : « C'est, disait-il, que les têtes à *perruque* ne manqueront jamais. »

———

Gasset, retiré à Amiens, fréquentait une maison où l'un des plus brillans amusemens consistait à proposer et à deviner des énigmes. Gasset, qui voulait anéantir ce genre de plaisir provincial par le ridicule, proposa un jour l'énigme suivante :

Je suis un ornement qu'on porte sur la tête ;
Je m'appelle chapeau : devine, grosse bête.

On se mit généralement à rire ; mais quelqu'un qui ne riait pas, après avoir rêvé très sérieusement, se leva en criant : *Oh ! j'y suis, c'est une perruque.*

———

Molière, étant encore jeune, avait commencé à traduire Lucrèce, et il aurait achevé cet ouvrage sans un malheur qui lui arriva. Un de ses domestiques prit un cahier de cette traduction pour faire des *papillotes*. Molière, qui était facile à irriter, fut si piqué de ce contre-temps, que, dans sa colère, il jeta le reste au feu.

———

Fraîchement débarqué je parais à tes yeux,
Et mes cheveux encor sont sous la *papillote*.

———

Néron, qui avait le goût des représentations dramatiques, institua les fêtes juvénales, où l'on étalait la plus grande pompe, afin de célébrer dignement les *poils* de sa barbe, coupés pour la première fois, et offerts à Jupiter Capitolin.

———

Vespasien n'étant encore que simple particulier, et vivant fort à l'étroit, avait marqué beaucoup d'avidité pour l'argent. C'est ce qui lui fut reproché par un vieil esclave qui, le voyant devenu empereur, lui demanda avec instance d'être mis gratuitement en liberté. Comme Vespasien le refusait, et exigeait de l'argent : « Je le vois bien, dit l'esclave, le renard change de *poil*, mais non de caractère. »

———

> Vous me coupez, barbier, tout beau !
> Oui, le *poil*, répond La Fontaine :
> J'ai donc le *poil*, cette semaine,
> Aussi sensible que la peau.

Jules Scaglir et Cardan se sont fort querellés, et ont déployé une prodigieuse érudition sur cette question importante : *Un bouc a-t-il plus de* poil *qu'un chevreau ?*

> Deux moines, chemin faisant,
> Se demandaient : Dans le monde,
> Lequel est le plus plaisant
> D'avoir femme brune ou blonde ?
> Frère, dit l'un, en chat brun,
> Blonde ou brune, c'est tout un ;
> Le *poil* ne fait point la femme ;
> Mais pour résoudre le cas,
> La meilleure, sur mon âme,
> Est celle que l'on n'a pas.

Un gascon disait à ses amis : « Depuis que le duel est défendu, il est venu du *poil* dans la paume de la main de tous les mâles de notre famille. »

Je veux une coiffure, en dépit de la mode,
Sous qui toute ma tête ait un abri commode.
(Molière.)

Peu ou point de *coiffure* en toute saison. Comme il importe que les os de la tête deviennent plus durs, plus compactes, moins fragiles et moins poreux pour mieux armer le cerveau, non seulement contre les blessures, mais contre les rhumes, les fluxions et toutes les impressions de l'air, accoutumez vos enfans à demeurer jour et nuit, été et hiver, toujours tête nue ; que si, pour la propreté ou pour tenir leurs cheveux en ordre, vous voulez leur donner une *coiffure* durant la nuit, que ce soit un bonnet mince à claire voie, et semblable au réseau dans lequel les Basques enveloppent leurs cheveux. (*Émile*, t. I.)

Vers la fin du dix-septième siècle, et même au commencement du dix-huitième, nos dames portaient de hautes *coiffures* à tuyaux d'orgue, et si élevées, que leur tête semblait être placée au milieu du corps, ce qui faisait dire à La Bruyère qu'il fallait juger les femmes depuis la chaussure jusqu'à la *coif-*

sure exclusivement, à peu près comme on mesure le poisson, entre tête et queue.

Une femme qui avait une physionomie mâle ainsi que les manières, se rendit chez son avocat qui venait de perdre une cause qu'elle lui avait confiée. Prétendant qu'il l'avait mal défendu, elle le traitait plus mal encore. Dans les différens mouvemens de sa colère, son bonnet mal attaché était sur le point de tomber : « Madame, lui dit l'homme de loi, prenez garde que votre *coiffe* ne tombe ; car alors je vous prendrais sérieusement pour un homme, et il faudrait nous battre. »

Un jour Célimène et Sylvie,
Voulant pousser à bout le poète Cléon,
Lui disaient avec ironie :
Vous de qui, pour la rime, on vante le génie,
Rimez donc avec *coiffe*. En riant il répond :
C'est chose impossible, mesdames ;
Tout ce qui tient à la tête des femmes
N'a, vous le savez bien, ni rime ni raison.

Cette réponse est de BENSERADE, à une dame qui lui demandait une rime à *coiffe*.

Jamais Buffon ne voulut que son valet de chambre le *coiffât*; il était bien aise d'avoir à Paris le *coiffeur* du quartier, et à Montbard, celui de la ville. Il les questionnait, causait avec eux, écoutait leurs nouvelles, et leurs propos étaient pour lui une sorte de récréation, qu'il prenait pendant sa toilette.

On dit, en proverbe, d'un homme heureux, qu'il est né *coiffé*. L'abbé de Bois-Robert était le bel esprit, ou plutôt le bouffon du cardinal de Richelieu, emploi qui lui valut beaucoup d'argent et la faveur de ce ministre. Cependant il dut cette faveur, moins à son esprit qu'au besoin qu'avait le cardinal d'un homme qui l'amusât par ses facéties. C'est ce qui fit dire à Malleville :

Coiffé d'un froc bien raffiné,
Et revêtu d'un doyenné
Qui lui rapporte de quoi frire,
Frère René devient messire,
Et vit comme un déterminé.
Un prélat riche et fortuné,
Sous un bonnet enluminé,
En est, s'il le faut ainsi dire,
 Coiffé.
Ce n'est pas que frère René,

D'aucun mérite soit orné,
Qu'il soit docte, qu'il sache écrire,
Mais seulement c'est qu'il est né
Coiffé.

Ci-gît Rondon. Voici l'histoire de sa vie :
Le bonhomme était né *coiffé* ;
A soixante ans il prit femme jolie,
Et mourut comme il était né.

Un étranger qui s'arrête en France, dit un auteur étranger lui-même, est surpris des changemens continuels que la mode a introduits dans les habillemens. Il croit voir des gens qui essaient toute sorte d'habits, sans pouvoir en trouver un qui leur convienne, et enfin sans qu'il y en ait un qui ne leur convienne pas. Toutes les fois qu'ils passent à une mode nouvelle, ils assurent fort sérieusement, et prouvent par de bonnes raisons, qu'elle sied mieux ou qu'elle est plus commode que celle qu'ils viennent de quitter, et on croirait presque qu'il en est quelque chose ; cependant au bout de cent changemens, tous, à ce qu'ils prétendent, de bien en mieux, on les voit revenir aux anciennes modes ; c'est-à-dire qu'après bien des mouvemens, ils se trouvent à l'endroit d'où ils étaient partis.

Lorsque le czar Pierre vint en France, il remarqua un seigneur de la Cour qui avait chaque jour un habit d'un nouveau goût. Le Czar dit à ceux qui l'accompagnaient : *Il me paraît que ce gentilhomme français n'est pas content de son tailleur.*

Dans le douzième siècle et les trois suivans, les Français étaient habillés d'une espèce de soutane qui leur descendait jusqu'aux pieds. La noblesse portait par-dessus cette soutane un manteau ou casaque, dont les manches très larges et très amples, se rattachaient par-devant sur le pli du bras, et pendaient par-derrière jusqu'aux genoux. Un chaperon, espèce de capuchon, qui avait un bourrelet au haut, et une queue pendante par-derrière, servait à couvrir la tête. Ce chaperon, qui recevait différentes fourrures et divers ornemens, devint, comme l'on sait, l'épitoge des présidens à mortier, l'aumusse des chanoines, et la chausse des conseillers, avocats, docteurs et professeurs de l'Université.

Sous Charles V, on imagina les habits blasonnés ou chamarrés de toutes les pièces armoriales de l'écu. On vit paroître ensuite, sous

Charles VI, *l'habit mi-parti*, tel que celui de la plupart des échevins et des bedeaux. Du temps de François Ier, on quitta l'habit long pour donner dans l'extrémité opposée. L'habillement de ce temps est un pourpoint à petites basques, et un caleçon tout d'une pièce avec les bas. Cet habit serrait de si près, et prenait si bien la taille, qu'il en était indécent. Les gens graves prirent le large haut-de-chausses à la suisse; les jeunes gens imaginèrent *les trousses*, espèce de haut-de-chausses court et relevé, qui ne venait qu'à la moitié des cuisses, et que l'on couvrait d'une demi-jupe. Cette mode, qui subsista jusqu'à Louis XIII, fit place à celle qui régna dans le dernier siècle.

A l'égard des femmes, elles étaient coiffées, sous le règne de Charles VI, d'un haut bonnet en pain de sucre; elles attachaient au haut de ce bonnet, un voile qui pendait plus ou moins, selon la qualité de la personne. Elles prirent sous le règne de François Ier et de Henri II, de petits chapeaux avec une plume. Depuis Henri II jusqu'à la fin du règne de Henri IV, elles portèrent de petits bonnets avec une aigrette.

Sous François II les hommes trouvèrent

qu'un gros ventre donnait un air de majesté, et les femmes imaginèrent aussitôt qu'il en était de même d'un gros cul; on avait de gros ventres et de gros culs postiches, et cette ridicule mode dura trois ou quatre ans. Ce qu'il y eut encore de singulier, c'est que, lorsqu'elle commença, les femmes parurent ne se plus soucier de leur visage, et commencèrent à le cacher : elles prirent un loup, espèce de masque, et n'allaient plus que masquées dans les rues, aux promenades, en visite, et même à l'église.

Au loup succéda une autre espèce de masque, le rouge et les mouches.

Vers la fin du dix-septième siècle, et même au commencement du dix-huitième, nos dames portaient de hautes coiffures à tuyaux d'orgue, et si élevées, que leur tête semblait placée au milieu du corps.

Les françaises ont l'obligation de leurs petites coiffures à deux anglaises qui vinrent à Versailles en 1714. Elles se présentèrent dans le mois de juin ou juillet pour voir souper le roi Louis XIV, qui était déjà à table. Elles ne furent pas plutôt entrées, que toutes les personnes qui étaient au souper, étonnées de la petitesse de leurs coiffures, qui n'avaient nul rapport avec celles des Françaises, et ne les connaissant pas pour étrangères, firent un si grand brouhaha, que le roi demanda avec émotion ce qui le causait. On lui répondit que c'était l'arrivée de deux dames extraordinairement coiffées, qui se présentaient pour avoir l'honneur de voir souper Sa Majesté. Le roi les aperçut alors; et après les avoir considérées un instant, il dit aux duchesses, et aux autres dames présentes à son souper, que si toutes les femmes étaient raisonnables, elles ne se coifferaient jamais autrement que ces deux dames. Il le dit même d'un ton à faire croire que si on paraissait autrement devant lui, on ne lui ferait pas sa cour. Il ne faudrait pas connaître le génie du Français et son goût pour toutes les modes, pour douter que celles qui étaient présentes au discours du roi hésitèrent un moment à prendre leur parti. Elles firent travailler toute la nuit à la diminution de leurs coiffures, qui étaient à trois étages, soutenus par des fils d'archal. Elles supprimèrent d'abord les deux plus hauts, n'en conservèrent qu'un, qu'elles rasèrent encore de moitié. Les dames, parées de cette nouvelle coiffure, ne manquèrent pas de se trouver à la messe du roi, mais avec un sérieux qui les fatiguait extrêmement à garder. Au sortir de la chapelle, Sa Majesté leur en fit compliment, et ajouta expressément qu'elles n'avaient jamais été mieux coiffées. Il n'en fallut pas davantage pour faire passer cette mode de la cour à la ville, et de la ville à la province; mais elle était si sage, qu'on pouvait parier que, sans l'approbation expresse du roi, elle ne se serait point établie.

Les vertugadins prirent faveur dans le même temps; mais les femmes qui avaient déjà proscrit cette mode se gardèrent bien, quand elles la renouvelèrent, de conserver le nom de *vertugadin*. Il leur aurait semblé qu'elles portaient une antiquaille, et qu'elles-mêmes l'étaient. Elles l'appelèrent donc *panier*; et ce nom prit d'autant mieux, qu'il jouait avec celui d'un magistrat, mort depuis peu d'années en repassant de la Martinique en France. Elles avaient le plaisir de dire: Apportez-moi mon *maître des requêtes*. Cette mode, originaire de France, et qui a toujours subsisté dans les pays étrangers, revint dans ce royaume avec les deux anglaises dont il vient d'être parlé. La scène qu'elles avaient essuyée à Versailles tourna à leur gloire; mais deux jours après, celle des vertugadins manqua d'être très sérieuse pour elles. Elles se promenaient un soir dans la grande allée des Tuileries, et le vaste étalage de leurs jupes, qui n'était produit que par des cerceaux de baleine, frappa d'abord les spectateurs. On s'empressa si fort pour les voir qu'elles faillirent à être étouffées par la foule. Un des bancs adossés aux palissades d'ifs, qui étaient dans ce temps-là aux deux côtés de la grande allée, les sauva. Un officier des mousquetaires, qui se trouva près d'elles, empêcha qu'elles ne fussent écrasées par la multitude qui augmentait sans cesse. Le seul expédient qu'il put trouver fut de les faire passer au travers de la palissade, et de les mener à l'orangerie des Tuileries où il logeait. C'est à cette aventure que les paniers durent leur retour sur la scène. Mais la mode n'en revint que par degrés ; les femmes n'osèrent passer tout d'un coup à ce vaste étalage, qui parut d'abord immodeste et très indécent. Les actrices hasardèrent les premières d'en porter sur le théâtre l'hiver suivant, et les femmes élégantes, accoutumées à les imiter d'abord de loin, commencèrent par porter des jupons de crin piqués ; elles mirent ensuite des *criardes*, espèce de grosse toile bou-

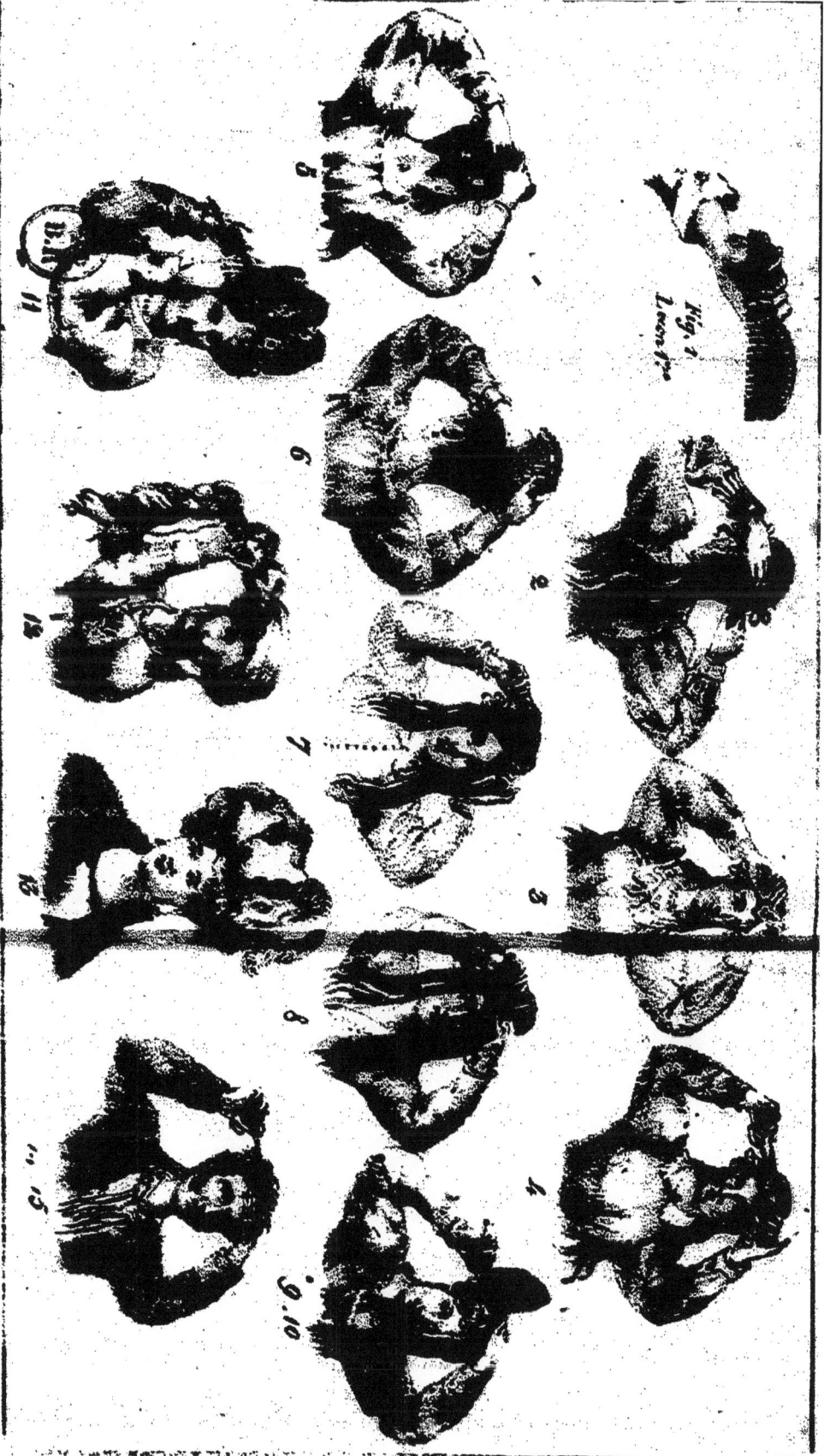

grannée, plissée autour des hanches. L'été de 1716 fut extrêmement chaud, et c'est à cette saison que l'on peut fixer le renouvellement des vertugadins en France. Pendant cet été, deux dames qualifiées, sous prétexte de la chaleur et de leur embonpoint, portèrent des paniers chez elles. Peu à peu elles se hasardèrent d'en porter aux Tuileries, mais elles n'y allèrent que les soirs; et pour éviter l'entrée des portes ordinaires, où il y avait toujours beaucoup de livrée, elles passèrent par l'orangerie. On s'accoutuma enfin aux paniers de ces dames, qui, peu à peu, furent plus hardies à se montrer. Quelques autres femmes les imitèrent, et la mode devint universelle. Ce n'est pas sans peine, comme l'on voit, que les Françaises de ce temps réussirent à se défigurer la taille par d'énormes cerceaux de baleine, après s'être gâté le teint par le fard.

FIN.

TABLE DES MATIÈRES.

Dédicace aux Dames............................ page 1
Art de se coiffer soi-même.................... 3
Première leçon. — Tenir le peigne............. ibid.
Deuxième leçon. — Se peigner.................. 5
Troisième leçon. — Mettre ses papillotes...... 7
Quatrième leçon. — Passer les papillotes au fer. 8
Cinquième leçon. — Relever les cheveux........ 11
Sixième leçon. — Former le casque............. 12
Septième leçon. — Partager les cheveux........ 14
Huitième leçon. — Crêper les cheveux.......... 16
Neuvième leçon. — Former les coques........... 18
Dixième leçon. — Placer l'épingle............. 22
Onzième leçon. — Poser les fleurs............. 23
Douzième leçon. — Faire des turbans........... 26
Art du Coiffeur............................... 31
   Avant-Propos............................... ibid.
Opérations de la coiffure..................... ibid.
Observations.................................. 32
Première leçon. — Démêler les cheveux......... 33
Deuxième leçon. — Mettre les papillotes et les passer au fer................................. 35
Troisième leçon. — Relever les cheveux et former le casque................................ 39
Quatrième leçon. — Partager les cheveux et les crêper...................................... 40

TABLE DES MATIÈRES.

Cinquième leçon. — Former la coiffure, placer les coques, les épingles.................*page* 42
Sixième leçon. — Poser les fleurs et faire les turbans................................. 45
Des Turbans.. 47
   Faire un turban avec une écharpe............ 50
Conseils aux messieurs, sur les soins qu'ils doivent prendre pour être bien coiffés, et pour entretenir la beauté de leur chevelure........ 52
   De la taille des cheveux..................... *ibid.*
   Entretien des cheveux....................... 56
   Pose des papillotes.......................... 57
   Du fichu de nuit............................. 58
   Toilette de la tête en se levant.............. 59
   Précautions à prendre en mettant son chapeau. 61
   Précautions à prendre en ôtant son chapeau.. *ibid.*
   Emploi du fer à friser....................... 62
Des coiffures artificielles......................... 66
   Des faux toupets............................ 69
   Des perruques d'homme et de femme, des touffes, des nattes, etc..................... 82
Histoire de la chevelure........................... 92
De la nature des cheveux, et des soins nécessaires à leur entretien................................. 102
Des diverses maladies des cheveux, et des moyens d'y remédier............................. 114
   Réflexions................................... *ibid.*
   De l'alopécie, ou chute des cheveux......... 115
   De la canitie, ou blancheur des cheveux..... 118
   De la plique................................. 125

TABLE DES MATIÈRES.

Considérations sur la beauté, et sur ce qui la constitue chez les différens peuples.................. page 128
    De la beauté en général........................... ibid.
    De la beauté imaginaire........................... 133
    De la beauté réelle............................... 140
    De la beauté en particulier........................ 147
Réflexions sur tout ce qui doit composer la toilette des dames...................................... 159
Recettes diverses, ou moyens salutaires à employer dans beaucoup de cas,........................ 171
    Recette pour faire croître les cheveux.............. ibid.
    Autre recette.................................... ibid.
    Poudre conservatrice des cheveux.................. 172
    Recette pour teindre les cheveux.................. ibid.
    Dépilatoire...................................... 173
    Pommade pour les lèvres.......................... 175
    Autre pommade pour les gerçures des lèvres.. ibid.
    Poudre pour blanchir les dents.................... 186
    Poudre dentifrice................................ ibid.
    Opiat d'orange................................... 177
    Dentifrice solide................................ 178
    Eau contre la carie.............................. 180
    Gants cosmétiques................................ ibid.
    Pommade pour les mains........................... 181
    Pâte pour les mains.............................. ibid
    Poudre cosmétique pour les mains.................. 182
    Pâte citronnée................................... 183
    Savon liquide.................................... 184
    Cérat pour guérir les engelures entamées, et les brûlures................................... ibid.

TABLE DES MATIÈRES.

Pommade fortifiante pour les ongles.... page 184
Moyen de dissiper le hâle et les rougeurs du
  visage... 185
Autre... ibid.
Pommade pour effacer les rides.................. 186
Eau pour faire disparaître les rides............ ibid.
Fard blanc.. 187
Vinaigre de rouge végétal........................ 188
Rouge végétal spiritueux......................... 189
Rouge végétal onctueux........................... ibid.
Manière de prendre soi-même la mesure d'une
  perruque, d'un toupet, etc., avec le prix de
  ces divers objets............................... 190
Mesure des perruques............................. 191
—des toupets..................................... ibid.
—des tours à montures............................ 192
—des touffes invisibles.......................... ibid.
Coiffures postiches, pour les dames, très faciles à adapter sur un peigne...................ibid.
Observations générales........................... ibid.
Salon pour la coupe des cheveux, et pour la
  coiffure.. 193
Crème d'alibour.................................. ibid.
ANECDOTES DIVERSES............................... 195

FIN DE LA TABLE.

EXPLICATION DES FIGURES.

Fig.		Leçons.	Pag.
1.	Tenir le peigne,	I,	3
2.	Se peigner,	II,	5
3.	Mettre ses papillotes,	III,	7
4.	Passer les papillotes au fer,	IV,	8
5.	Relever les cheveux,	V,	11
6.	Former le casque,	VI,	12
7.	Partager les cheveux,	VII,	14
8.	Crêper les cheveux,	VIII,	16
9 et 10.	Former les coques,	IX,	18
	Placer l'épingle,	X,	22
11.	Poser les fleurs,	XI,	23
12.	Faire des turbans,	XII,	26
13.	Le turban terminé,		28
14.	Emploi du fer à friser,		62
15.	Manière de se friser,		63

ERRATUM.

Page 23, ligne 21, *au lieu de* que les fleurs sont celles, etc.; *lisez :* que les fleurs détachées sont celles, etc.

DE L'IMPRIMERIE DE CHAPELET,
Rue de Vaugirard, n° 9.

Contraste insuffisant

NF Z 43-120-14

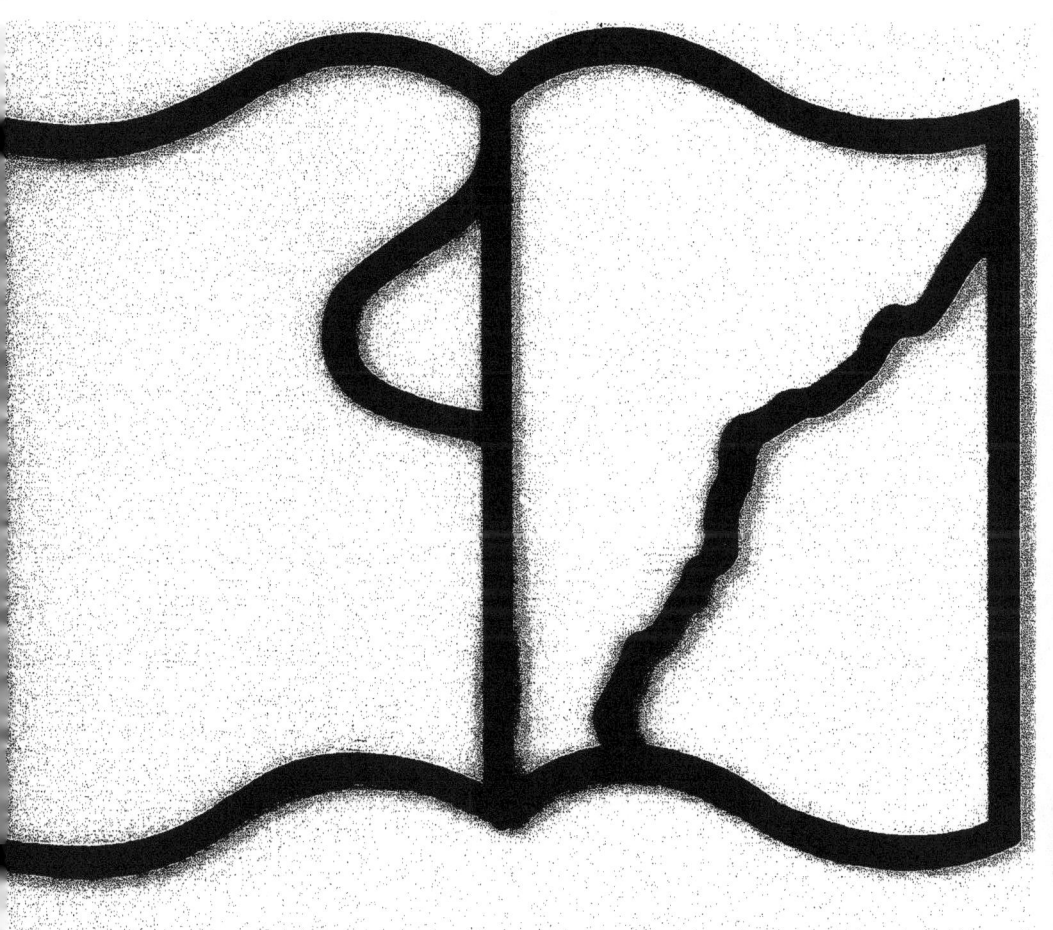

Texte détérioré — reliure défectueuse

NF Z 43-120-11

www.ingramcontent.com/pod-product-compliance
Lightning Source LLC
Chambersburg PA
CBHW071907160426
43198CB00011B/1205